杭州职业技术学院职业体验（启蒙）专著研究

职业院校服务青少年
职业启蒙教育实践路径研究

程君青 著

中国纺织出版社有限公司

内 容 提 要

本书从"启蒙""启蒙教育""生涯教育""职业启蒙教育"等关键概念出发，分析职业启蒙教育的理论基础，梳理国内外青少年职业启蒙教育发展脉络，构建职业院校服务青少年职业启蒙教育有效路径，建设职业院校参与下青少年职业启蒙教育共生资源平台，回答了职业启蒙教育是什么、目前做得怎么样、职业院校如何服务青少年职业启蒙教育、资源平台如何建设等现实问题，为推进职业院校服务青少年职业启蒙教育给出建设性意见与对策参照，为教育主管部门制定决策、调整政策和法规提供参考和依据，进一步推进青少年职业启蒙教育工作。

图书在版编目（CIP）数据

职业院校服务青少年职业启蒙教育实践路径研究 / 程君青著 . -- 北京：中国纺织出版社有限公司，2022.12

（杭州职业技术学院职业体验（启蒙）专著研究）

ISBN 978-7-5229-0270-8

Ⅰ. ①职… Ⅱ. ①程… Ⅲ. ①青少年–职业教育–研究–中国 Ⅳ. ① G719.2

中国版本图书馆 CIP 数据核字（2022）第 251263 号

责任编辑：朱冠霖　　责任校对：王蕙莹　　责任印制：王艳丽

中国纺织出版社有限公司出版发行
地址：北京市朝阳区百子湾东里 A407 号楼　邮政编码：100124
销售电话：010—67004422　传真：010—87155801
http://www.c-textilep.com
中国纺织出版社天猫旗舰店
官方微博 http://weibo.com/2119887771
三河市宏盛印务有限公司印刷　各地新华书店经销
2022 年 12 月第 1 版第 1 次印刷
开本：710×1000　1/16　印张：12.5
字数：220 千字　定价：88.00 元

　　2021年10月中共中央办公厅、国务院办公厅印发了《关于推动现代职业教育高质量发展的意见》，提出促进不同类型教育横向融通，加强各学段普通教育与职业教育渗透融通，在普通中小学实施职业启蒙教育，培养掌握技能的兴趣爱好和职业生涯规划的意识能力。2022年新修订的《中华人民共和国职业教育法》明确指出应当鼓励和支持普通中小学、普通高等学校，根据实际需要增加职业教育相关教学内容，进行职业启蒙、职业认知、职业体验，开展职业规划指导、劳动教育，并组织、引导职业学校、职业培训机构、企业和行业组织等提供条件和支持。国家政策的颁布为青少年职业启蒙教育的发展提供了政策支持，也对职业学校服务青少年职业启蒙提出新的要求，当然也从侧面指出我国职业教育体系建设迫切需要职业启蒙教育的完善。

　　我国职业启蒙教育从实施现状来看，区域发展水平不平衡、各类资源短缺是一大痛点。职业院校服务青少年职业启蒙教育，对学前教育与基础教育阶段而言，是解决青少年职业启蒙教育资源短缺的有效手段。职业院校可以发挥其课程资源、实训场所、师资力量、组织管理等方面的优势，实现职业教育与基础教育相互融通；对职业教育而言是提高其社会地位与影响力的一条创新路径，家长、青少年走进学校，能够实地了解职业教育，从而消除社会固化的职业教育偏见。不论是从国家政策导向、职业院校的优势还是促进职业教育发展来看，职业院校服务青少年职业启蒙教育都是顺应新时代教育改革的必然举措。那么职业院校将如何跨越性地服务职业启蒙教育，如何选择实施策略与路径，是职业启蒙教育推进过程中必须面对和解决的一个重要问题，为此，笔者撰写了《职业院校服务青少年职业启蒙教育实践路径研究》。

本书从"启蒙""启蒙教育""生涯教育""职业启蒙教育"等关键概念出发，分析职业启蒙教育的理论基础，梳理国内外青少年职业启蒙教育发展脉络，构建职业院校服务青少年职业启蒙教育有效路径，建设职业院校参与下青少年职业启蒙教育共生资源平台，回答了职业启蒙教育是什么、目前做得怎么样、职业院校如何服务青少年职业启蒙教育、资源平台如何建设等现实问题，为推进职业院校服务青少年职业启蒙教育给出建设性意见与对策参照，为教育主管部门制定决策、调整政策和法规提供参考和依据，进一步推进青少年职业启蒙教育工作。

本书为"杭州职业技术学院职业体验（启蒙）专著研究"，感谢闫亚林、颜欢、李进斌、张园园、吴婷婷等参与本书的撰写工作。感谢徐剑、毛宇辉、王卉、钱慧娜等老师提供宝贵的素材资料。由于笔者能力水平有限，书中难免存在疏漏与不足之处，敬请读者批评指正。

程君青

2022 年 10 月

目录
CONTENTS

第 一 章

绪论

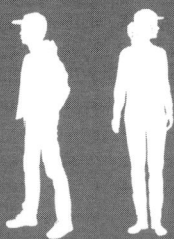

第一节 职业启蒙教育研究的缘起及意义

职业是随着人类社会生产力发展，社会分工的产生而出现的，是社会劳动分工的产物。随着社会生产力的逐步发展，人类社会产生了三次比较大型的分工，第一次是畜牧业从原始农业中分离出来；第二次是工业从农业中分离出来；第三次是商人和商人阶级产生。通过第一次社会分工，职业从此开始出现；随着第二次与第三次社会大分工完成，职业的种类也随之迅速增加，职业活动成为普遍的社会现象。可以说职业的产生与发展是人类文明不断进步的标志，是社会发展与进化的产物，并随社会的不断发展变化而逐渐演变、发展。

现代文明使得社会分工越来越细、越来越复杂、专业化程度越来越高，职业的种类也越来越多，需要对学生实施更具前瞻性的职业指导，以帮助学生未来更好地适应时代发展的需要。20世纪德国教育家凯兴斯泰纳提出"劳作学校"，他指出在学校中需要开设劳作课程，向学生介绍劳动本身以及从事该项劳动所需要的准备，从而培养学生开展劳动的有效方法、良好的习惯以及高涨的热情，完成职业教育的"预备教育"任务，这里的"预备教育"就是最早期的职业启蒙教育，之后出现的"职业指导""职业陶冶"及"劳动教育"在内涵、目的、教育内容、教育方式等方面都有职业启蒙之意蕴。我国教育界早期对职业启蒙教育有一些争议，有些学者认为青少年的主要任务是在学习上打好基础，在中小学阶段就开展职业启蒙教育可能会限制学生的未来职业选择和职业发展，由此，早期我国的职业启蒙教育主要在高等学校开展，随着职业生涯教育、职业启蒙教育的理论不断丰富，在中小学校中开展职业启蒙教育相关政策不断完善，职业启蒙教育为大家所认可，并进入了快速发展阶段。

一、开展职业启蒙教育是构建现代职业教育体系的需要

2014年《国务院关于加快发展现代职业教育的决定》指出全面部署加快发展现代职业教育，到2020年，形成适应发展需求、产教深度融合、中职高职衔接、职业教育与普通教育相互沟通，体现终身教育理念，具有中国特色、世界水平的现代职业教育体系。2020年《职业教育提质培优行动计划（2020—2023年）》又提出进一步明确各层次职业教育办学定位和发展重点，系统设计、整体推进中国特色现代职业教育体系建设。2022年新修订的《中华人民共和国职业教育法》再次提出建立健全适应经济社会发展需要，产教深度融合，职业学校教育和职业培训并重，职业教育与普通教育相互融通，不同层次职业教育有效贯通，服务全民终身学习的现代职业教育体系。由此可见，构建现代职业教育体系是建设高质量教育体系的重要组成部分，是我国职业教育改革发展的一个重要方向和趋势，是大势所趋，必为之事。

《国务院关于加快发展现代职业教育的决定》对现代职业教育体系的定义，是指适应地方经济社会发展需要，满足人民群众多样化职业教育需求，形成由中职、专科、本科到研究生的有机衔接。职业教育、普通教育、继续教育相互沟通的现代职业教育系统，涵盖中等职业教育、专科层次职业教育、本科层次职业教育和研究生层次职业教育。现代职业教育体系的构建不仅要上移，形成由中职、专科、本科到研究生的有机衔接，还应向下延伸，追觅应有之根，与普通基础教育相对接，将融于普通基础教育中的职业启蒙教育作为现代职业教育体系的起点。金志峰（北京师范大学中国教育政策研究院副院长）指出"将职业启蒙教育融于基础教育，有助于提高社会对职业教育的认可，构建更健全的现代职教体系"。近年来，作为现代职业教育体系初级层次的职业启蒙教育相关政策逐渐完善，《国家教育事业发展"十三五"规划》强调"在义务教育阶段开展职业启蒙教育"；2017年国务院办公厅《关于深化产教融合的若干意见》中明确将工匠精神培育融入基础教育；2019年国务院印发《国家职业教育改革实施方案》（国发〔2019〕4号）指出鼓励中等职业学校联合中小学开展劳动和职业启蒙教育，将动手实践内容纳入中小学相关课程和学生综合素质评价。《教育部2022年工作要点》提到推进大中小学劳动教育，全面加强涉农高校耕读教育，推进职业院校劳动教育，开展中小学生职业启蒙教育。2021年国务院印发《关于推动现代职业教育高

质量发展的意见》提出加强各学段普通教育与职业教育渗透融通，在普通中小学实施职业启蒙教育。特别是新修订的《中华人民共和国职业教育法》明确了在普通中小学实施职业启蒙教育规定，将职业启蒙教育以法律形式确定下来。

"职业启蒙"这一概念从国家文件规定到国家立法规定，内容不断深化，目标逐渐明确，充分说明了实施职业启蒙教育的重要性和紧迫性。推动职业启蒙教育高质量发展，不能只着眼于从中职、高职到本科的有效衔接，还要向下延伸，开展受众面更广的职业启蒙教育，使其成为全民终身教育的一部分，为建设制造强国、质量强国、技能强国打下坚实基础。

二、开展职业启蒙教育是青少年自身发展的内在需求

据调查显示，青少年儿童对自己特长的知晓率仅有37.13%，不清楚和一点也不知道的占21%左右。值得注意的是，知道自己某些方面有特长的青少年大多数是自己判断的，占67.80%，第二就是朋友和周围人说的，占17.04%，真正经过科学测试的只占5.41%，而大学生通过科学测试的只占3.43%。这表明，青少年职业选择和职业教育的科学化还有很大差距。南京师范大学2019年对全国中小学进行抽样调查，显示近5年没有接触过工业生产企业的学生超半数，近五年没有接触农业生产的学生占三分之一。在对未来职业的了解上，有一半以上的学生对自己所选择的职业缺乏了解。另外，有调查显示，目前一些中小学生的职业理想存在偏颇，不愿意做普通劳动者，不想从事艰苦繁重的工作，有的还存在不劳而获、少劳多获、挣快钱、啃老的职业心理。这些都需要通过职业启蒙教育进行正向引导。英国的一项心理学研究报告显示：6~15岁是孩子的职业启蒙黄金期，因为这个时间段内，孩子领悟和掌握知识技能的能力是处于巅峰级别的，因此向孩子输入更多的职业启蒙教育，有利于孩子养成正确的职业观。由此，向青少年儿童提供职业体验和实践训练，是一个国家职业教育的重要组成部分，也是全面提高青少年综合素质的重要手段。当代青少年对于职业辅导的需求不仅仅是谋求职业的必需，更是自身发展的内在需求，在现有职业教育的基础上发展社会性的青少年儿童职业辅导和实践训练是重中之重。

清华大学教育研究院助理教授、博士生导师魏军曾指出"中小学阶段的职业启蒙教育，对学生健康成长意义重大"。开展青少年职业启蒙教育并不是要求在基础教育阶段就进行职业分流，也不是要过早地培养学生某一方面的职业技

能，而是让青少年了解社会上存在哪些职业以及这些职业具体有什么要求，促使青少年发展自己的职业兴趣，建立正确的职业认知，激发自己的职业潜能，为后续的职业生涯发展做好储备。无论是从大职教观而言，还是从小职教观而论，无论个体未来面向的是学术专业岗位，还是技术技能岗位，都需要最初的职业启蒙教育。

三、开展职业启蒙教育是实现高质量就业的需要

从宏观角度看，高质量的就业主要是指充分的就业机会、公平的就业环境、良好的就业能力、合理的就业结构、和谐的劳动关系等。

从个人方面看，满足自我需要、实现个人价值的职业，更稳定的工作、更好的收入及福利待遇，权益有保障、发展有空间。

党的十八大以来，在党中央坚强领导下，我国坚持实施就业优先战略和积极的就业政策。根据教育部统计，2022年高校毕业生总规模首次突破千万大关，同比增加167万。大学毕业生如何在毕业季精准就业、及时就业、高质量就业？这一问题已成为社会关注的焦点。近年来，学生大学选专业、毕业找工作"跟着感觉走"的现象十分普遍，他们没有明确的职业规划和目标，究其根源就是缺乏职业认知和职业体验，如何提前帮助他们规划未来的专业和职业选择显得尤为重要。

根据2021年11月发布的《新冠疫情大流行中的中学生职业准备度》报告内容，青少年14~16岁时期的相关职业指导经历与10~15年后的就业结果之间有密切关系，其中参与职业讲座或招聘会、参观工作场所或见习、参与短期职业培训课程、受教育的动机等11项职业准备指标与青少年的未来职业选择息息相关。中小学是青少年学生认识自我、探索环境的重要阶段，如果青少年能在这一时期尽可能全面地获得以上11项职业准备指标内容的启蒙教育，一定有利于学生形成正确的职业观和劳动价值观，并根据自身兴趣和能力进行职业选择，可以大大提高毕业生的就业质量。

综观国内职业启蒙教育发展形势，虽然在北京、上海、浙江等一些中小学校已经开展了一定程度的职业启蒙教育初探，但从我国整体上看，普及率仍然不是很高，区域差别比较大，且资源配置不均衡，事实上，我国的职业启蒙教育还有很长的路要走。即使当前中小学生对职业分类有一定探求的渴望，教育界也缺乏

系统的理论研究，授课师资、课程教材、教学方法是应对应试教育的固有模式。美国多个教育专家都认为虽然在中小学阶段职业选择看起来似乎很遥远，但实际上却是进行生涯教育更是职业启蒙教育的最佳时期。美国、英国、德国、日本等发达国家的职业启蒙教育体系内有各具特色的运行模式，得到了国际的广泛认可。因此，深入开展青少年职业启蒙教育理论研究和实践探索，更好服务国家职业教育制度体系构建与完善，是当前职业院校的重要使命和责任担当。

第二节 职业启蒙教育相关概念界定与辨析

"职业规划"和"生涯教育"等概念早已频繁出现，在发达国家的人才培养实践中早已形成比较完善的培养体系，但有关"职业启蒙教育"的概念界定还见之甚少。因此，对于本书中的"职业启蒙教育"概念，我们首先对"启蒙"和"启蒙教育"进行概念界定，然后对"生涯"和"生涯教育"进行概念界定，并阐述二者内涵与外延的相关性，进而明确界定和阐述本书中"职业启蒙教育"概念的内涵和外延。

一、关于"启蒙"和"启蒙教育"

现代汉语词典对"启蒙"一词释义为"使初学者得到基本的、入门的知识"，泛指通过宣传教育使社会接受新事物而得到进步的运动。

1784年，康德发表《什么是启蒙》，声称启蒙就是脱离自己加之于自己的不成熟状态，自由地运用理性。其实，"启蒙"一词并非外来词，早在中国汉代，应劭就在《风俗通义·卷一·五伯》中提道："每辄挫血刃，亦足以祛蔽启蒙矣。"启蒙即为"开发蒙昧，使之明白事理"的意思。此外，中国元代的一名儒生刘埙在《隐居通议·论悟二》中也有所论述："及既得师启蒙，便能读书认字。"其意几乎与本书中"启蒙"二字的内涵一致。

百度百科对"启蒙教育"的释义为在一些不知道新理论的人特别是儿童，不具备验证科学知识的能力时，只能简单使他们记住结果而应用科学知识，这种忽略证明过程的教育方法叫启蒙教育。启蒙教育常用的说理方法是用一些启蒙者一致的类似常识来说明道理，而不是讲述科学证明过程，被广泛应用于少年儿童，在少年儿童先天潜质、遗传秉性基础上，通过适宜教育刺激使其身心得到最大程度的发展。儿童、青少年在成长过程中生理、心理、行为过程都会发生明显的变化，抓住此关键时期通过启蒙教育开发孩子们的智力潜能，是教育者不容忽视的责任。据国学史料记载，我国古代所谓的"蒙学"就是对幼儿园或小学生的启蒙教育，年龄一般就在四五岁，这一阶段的教育与小学、大学并列，是我国传统教育中的一个重要阶段。蒙学有狭义和广义之说，广义上讲，泛指古代启蒙教育，包括教育体制、教学方法、教材等内容；狭义上讲，专指启蒙教材，即童蒙读本。我国古代，儿童"开蒙"，接受教育的年龄一般在四岁左右。蒙学教育的基本目标是培养儿童认字和书写的能力，养成良好的日常生活习惯，能够具备基本的道德伦理规范，并且掌握一些中国基本文化常识及一些日常生活常识。清代小说家吴趼人在《历史小说总序》中提及："吾曾受而读之，蒙学、中学之书都嫌过简，至于高等大学或且仍用旧册矣。"这说明中国传统意义上的蒙学教授的内容属于常识类的知识，注重基础性知识的普及和启发引导作用的发挥。

刘晓等学者结合史料研究总结得出启蒙的几个特质和启蒙教育的内涵，从内容上来看，对教育内容的掌握程度不深；从对象上来说，实施对象的社会阅历较浅；从实施效果来讲，有改变偏见和纠错的作用。当一些儿童无法通过广泛的社会调查和严格的实验检测得出结论时，以相对稳定的经验提醒他们把需要掌握的知识当作常识去运用，这种避免盲目求知的教育方法叫启蒙教育。古今中外，诸多名人的案例可以证明，一定程度的启蒙教育能为孩子将来的基础教育和高等教育打下良好的基础，是孩子成功人生的必要准备。

二、关于"生涯"和"生涯教育"

生涯，广义上理解，"生"，自然是与一个人的生命相联系；"涯"，则有边际的含义，即指人生经历、生活道路和职业、专业、事业。人的一生，包含少年、成年、老年三个阶段，成年阶段是最重要的时期。这一时期之所以重要，是因为这是人们从事职业生活的时期。美国心理咨询专家舒伯（Super.D.E）将生涯定义为生活里各种事件的方向，它统合了个人一生中各种职业的角色，由此表现个人独特的自我发展形态。职业生涯一词来源于英文单词Career，在《牛津词典》中的解释是"道路之意"，可以引申为个人一生的道路或进展途径，强调随着时间流逝赋予的责任。威廉·J.罗思维尔（Willian J.Rothwell）将职业生涯定义为一个人在其一生中，与其工作有的行为、活动、态度、价值观、愿景的有机结合。麦克法兰（McFarland）称职业生涯是指一个人根据他本人心目中所规划的目标所形成的一系列自主的选择，或者与此有关的教育活动以及训练，与之前的定义有所不同。

　　我国学者对职业生涯也有一些研究，成果颇丰。程社明在《职业生涯的开发与管理》一书中总结了每一个人在其职业生涯中都会经历的时期。刘瑞晶等人认为职业生涯是指人的职业发展历程，它包括人一生所承担的工作职责、任务和发展道路。黄俊毅等指出职业生涯的定义应包含六种基本含义。中国职业规划师协会认为职业生涯是人的一生中的职业历程。职业生涯（Career）这个概念随着时间的推移发生过很多变化，在20世纪70年代，职业生涯专指个人生活中和工作相关的各个方面。随后，又有很多新的意义被纳入"职业生涯"的概念中，其中甚至包含了生活中关于个人、集体以及经济生活的方方面面。职业生涯涵盖了个体一生的发展历程，是一个人在一生中所从事工作、承担职务的职业经历或相继历程，是伴随个体终身的动态发展过程。

　　职业生涯规划（Career Planning）又称职业规划或生涯规划，有的地区还称人生规划、职业生涯设计，无论哪种称谓，所指的内容基本一致。关于职业生涯规划的概念，学术界还没有形成统一定义。有着"职业生涯规划之父"之称的美国弗兰克·帕森斯（Frank Parsons），1909年在《职业选择》一书中首次提出职业生涯规划这个概念，他指出选择一份职业并不只是找一个赚钱的工作就足够了，而是应该规划好自己的人生。美国著名的职业指导专家金斯伯格（Eli Ginzberg）重点研究了从童年到青少年阶段的职业心理发展过程，将职业生涯的发展分为幻想期、尝试期和现实期三个阶段，提出了著名的职业生涯发展理论。杰弗瑞·格林豪斯则根据不同年龄段职业生涯所面临的主要任务，将职业生涯划分为职业准备阶段、进入组织阶段、职业生涯初期、职业生涯中期和职业生涯后期五个阶段。罗双平在《职业生涯规划》一书中给出的定义是指个人发展与组织发展相结合，对决定一个人职业生涯的主客观因素进行分析、总结和测定，确定一个人的事业奋斗目标，并选择实现这一事业目标的职业，编制相应的工作、教育和培训的行动计划，对每一步骤的时间、顺序和方向做出合理的安排。黄俊毅认为职业生涯规划是在了解自己的基础上确定适合自己的职业方向并制定相应计划，避免目标追求的盲目性以及降低可能的就业失败。百度百科针对职业生涯规划给出的定义是指个人与组织相结合，在对一个人职业生涯的主客观条件进行测定、分析、总结的基础上，对自己的兴趣、爱好、能力、特点进行综合分析与权衡，结合时代特点，根据自己的职业倾向，确定其最佳的职业奋斗目标，并为实现这一目标做出行之有效的安排。

职业生涯教育的前身是帕森斯（Frank Parsons）创立的职业指导（Vocational Guidance）理论，后由舒伯（Super.D.E）和罗杰斯（Rogers）对"职业指导"进行了深化和发展，形成了生涯辅导（Career Counseling）理论，1971年美国联邦教育署署长马伦（Mar-land）博士正式提出了"生涯教育"观念，标志着美国现代职业生涯教育运动的开始。关于职业生涯教育的定义，还没有统一的界定，但学者们普遍认为职业生涯教育是有目的、有计划、有组织地培养个体规划自我职业生涯的意识与技能，发展个体综合职业能力，促进个体职业生涯发展的活动，是以引导个体进行并落实职业生涯规划为主线的综合性教育活动。

三、关于"职业教育"与"职业启蒙教育"

早在11、12世纪，西欧国家就出现了行会举办的培养职业人才的学校，这可以理解为早期的职业学校。到了17世纪，人们正式建立职业学校，如德国弗朗凯（A.H.Francke）创办的弗朗凯学院，开设了车削加工、玻璃研磨、铜板雕刻等手工作业课程。18世纪初，泽姆拉（C.Semler）开办了面向普通市民进行职业教育的"实科学校"。"职业教育"真正诞生于18世纪60年代的欧洲，成为一种国际性的教育思潮。

"职业教育"英文翻译为"Technical and Vocational Education"，各个国家的称法都不一样，1974年，联合国教科文组织的《关于技术和职业教育的建议》中称技术和职业教育，1999年4月，第二届国际职业技术教育大会上称"职业和技术教育与培训"；联合国教科文组织则采用"技术和职业教育与培训"（TVET）。在中国职业教育发展史上，职业教育的称谓经历了从百工教育、实业教育、职业教育、技术教育和职业技术教育到职业教育的演变。1904年山西农林学堂总办姚文栋的公文中提到"论教育原理，与国民最有关系者，一为普通教育，二为职业教育，二者相成而不相背""本学堂兼授农林两专业，即以职业教育为主义。"职业教育是我国整体教育体系的重要组成部分，早在2010年的《国家中长期教育改革和发展规划纲要》中就提出发展职业教育是推动经济发展、促进就业、改善民生、解决"三农"问题的重要途径，是缓解劳动力供求结构矛盾的关键环节，必须摆在更加突出的位置。新修订的《中华人民共和国职业教育法》对职业教育给出了定义，是指为了培养高素质技术技能人才，使受教育者具备从事某种职业或者实现职业发展所需要的职业道德、科学文化与专业知识、技术技能等职业综合素质和行动能力而实施的教育，包括职业学校教育和职业培训。由此可以看出职业教育包括了职业准备教育、职业继续教育和职业启蒙教育。徐国庆（华东师范大学职业教育与成人教育研究所所长）对当前的职业教育进行了内涵解释，他指出职业教育是一种培养复杂能力的教育，是需要在更高学制层面举办的教育，是需要多个学制层次连续培养才能达成目标的教育。

目前我国对职业启蒙教育直接研究并不多，没有形成一个统一的界定。另外，职业启蒙教育在国内算是一个本土化概念，在国外与之类似的更多是融入职业生涯教育（Career Education）相关理论和实践之中。因此，纵观国内外学者研究发现，职业启蒙教育作为职业生涯教育的起点，对其理论研究还需要在分析职业生涯教育的基础上进行。杜启明指出小学职业启蒙教育是一种多元教育，包含帮助小学生进行职业理解、自我认知和个性培养。刘涛则提出职业启蒙教育是为启发个体思考未来职业生涯的教育，为了让学生对"社会"有一个基本的理解，帮助学生对职业进行认知探索，掌握一定的职业概念与技能，形成自我发展与职业关系的认知能力。刘晓认为职业启蒙教育是培养学生的职业思维，帮助学生认识不同的职业类型，掌握基本的职业技能，并且可以具备自我规划职业的基本能力和意识。由此可以看出，虽然学者们对于职业启蒙教育的概念说法不一，但是对其要达到的目标基本是一致的，目前国内专家学者基本达成共识，作为一种职业预备教育，职业启蒙教育应从儿童6岁即小学一年级，一直持续到18岁。对应小学、初中和高中，职业启蒙教育可分为初、中、高三个阶段。职业启蒙教育内容包括识别职业特征、判断职业类型、习得职业技能，促使青少年能够树立职业道德、更好地规划职业道路。

四、职业启蒙教育目标及核心内容界定

通过上述对"启蒙""启蒙教育""生涯""生涯教育"以及"职业教育""职业启蒙教育"等相关概念界定，发现这些概念之间相互区别，又相互联系，关于职业启蒙教育归纳起来有三种不同的观点：

第一种是"职业生涯指导"论。即认为职业启蒙相当于职业生涯规划的第一

步：职业探索。这一观点的代表是美国学者罗斯维尔和思莱德（William J.Roth-well & Henry J.Shred，1992），他们指出职业生涯是人一生中与工作相关的活动、行为、态度、价值观、愿望的有机整体，同时根据职业发展的普遍规律将人的一生分为职业探索期、立业与发展期、职业发展期、职业衰退期四个时期，认为职业探索往往在15岁以前就已经开始。

第二种是"职业意识培养"论。即认为职业启蒙就是培养青少年儿童的职业意识，帮助他们发现自己的兴趣，探寻发展的机会。如著名生涯理论研究学者舒伯（Super）认为，不同阶段的职业生涯内容和重点有所区别，成长期（0~14岁）对学生进行的就是职业启蒙教育，其任务是发展自我形象，使之具备对工作世界的正确态度，并逐步意识到工作的意义。日本学者上官子木认为职业启蒙教育是让小学生了解与职业有关的常识性知识，从而让学生懂得人们是如何在社会生存的，也促使他们从小思考自己将来有可能的发展方向。还有的学者从思想品德教育的角度出发，认为职业启蒙应发挥以下作用：其一，让孩子产生劳动最光荣的情愫；其二，让孩子树立起职业无贵贱的意识；其三，让孩子对各种职业有识别的能力，包括识别制服、工作内容、工作场所等；其四，潜能发现和相关拓展；其五，创造力延伸。根据美国《国家职业发展指导方针》，对初中生的能力要求表述与小学的略有不同，主要是从自我意识、交往技巧、工作与学习、职业机会、职业信息、职业决策、职业规划等方面进行规定。通过比较发现，初中的要求与小学相比变化不大，只有在"对工作与学习的关系""对工作与社会的关系"和"对职业规划的过程"这三项要求上从"认识"提升到"理解"。而刚进入初中的十几岁的孩子往往并不清楚自己"想干什么"和"能干什么"，也不清楚两者之间的关系。但他们在行动、生活和学习中所表现出来的某种兴趣和才华，极有可能隐藏着他们未来事业的端倪。因此，学校的任务便是帮助孩子在"想干什么"和"能干什么"之间进行分析，帮助学生发现长处，有目标地设计未来，其中"职业兴趣分析"测试就是一种很流行的职业心理测量工具。职业兴趣分析，首先将社会上各行各业分为农业、建筑、机械、交通、销售、管理、艺术、文秘服务、健康服务、教育服务、法律服务、顾客服务、社会科学、数学与科学、手工业操作十五种类型，然后用简明扼要的一两句话对每一类型的职业做生动的概括。如在介绍农业类工作时说，此类工作需经常和植物或动物打交道；在介绍机械类工作时说，此类工作除了要会使用机械外，还要经常和纸张、木头或矿物打交道。学生借此可以形象地认识和理解各种职业的基本概况。随后,职业兴趣分析根据他们对人的职业兴趣心理现象的研究,设计一套测试标准和程序,要求参加测试的人在规定的时间内,回答上百个看上去毫无关联的问题,比如你爱吃什么? 养不养动物? 这些问题看似没有逻辑,实则细致入微,以小见大。测试完成后,每人都会获得一份"职业兴趣分析报告"。报告中不仅会指出最符合该学生兴趣的领域,告诉学生该领域有哪些职业,还会告诉他们这些职业的基本要求,应该怎样努力,怎样迈开第一步。有了如此翔实的报告,初中生可以规划自己的未来,朝着感兴趣的职业方向努力。

第三种是"儿童劳动技术课程"论。代表性观点如同济大学的李俊博士对职业启蒙教育的定义是"它包含教育部门在初等教育阶段所采取的各种教育手段,旨在为学生将来进入职场和参与技术项目做准备,帮助他们顺利从学校过渡到职场。"随着新时代中国特色社会主义不断发展和完善,国家越来越重视发展教育,尤其注重对青少年学生在德智体美劳的全面培养,将青少年和大学生劳动教育提到更高的层面。劳动教育直接决定社会主义建设者和接班人的劳动精神面貌、劳动价值取向和劳动技能水平。在学生中弘扬劳动精神,教育引导学生崇尚劳动、尊重劳动,懂得劳动最光荣、劳动最崇高、劳动最伟大、劳动最美丽的道理,长大后能够辛勤劳动、诚实劳动、创造性劳动。在教育实践中,把准劳动教育价值取向,有利于引导学生树立正确的劳动价值观。因此,要在青少年学习期间,树立"劳动是一切幸福的源泉"的观念,树立"崇尚劳动、热爱劳动、辛勤劳动、诚实劳动"的观念,树立"劳动没有高低贵贱之分,任何一份职业都很光荣"的观念。

职业启蒙教育是职业教育不可或缺的一部分,贯穿于整个现代职业教育体系,具有促进职业教育和普通教育融通的作用。根据上述概念界定,从时间、内容、实施方式上明确职业启蒙教育目标体系。

在时间维度上,借助埃里克森的人格发展八阶段理论可知,4~7岁的儿童能通过运动神经进行更精确的活动,产生对于未来规划的想象;7~12岁儿童的任务是学习一定的社会生存技能,为未来成为社会生产者打下基础,勤奋感超越自卑感;而12~18岁青少年则关心的是如何把各种角色及早期培养的技能和当今职业的标准相联系这个问题,实现自我同一性。所以,职业启蒙教育应主要针对4~18岁的小学生、初中生、高中生,帮助他们顺利完成这几个阶段的任务,然后以社会生产者的形象继续自己的人生。

　　在内容上，教以职业基础知识、授以职业基本技能、引导规划职业方向、强调职业道德规范，帮助他们经历职业感受、职业认知、自我认知、职业探索、职业规划等几个阶段，实现学生从对"自我"的认识转化为对"职业"的认识，达到从职业态度向职业行动平稳过渡的目的。每个阶段不是单方向地进行，而是以循环上升的方式进行。经过迂回筛选的过程，层层历练出自己的职业目标。职业启蒙教育不是仅仅局限于"职业"两字表层意思，而是从更深层次围绕"职业"的开展而赋予人社会性，让孩子更清晰地知道自己如何才能更真实地投入社会生活。

　　在实施方式上，小初高的职业启蒙教育、中职阶段的中高职衔接培养，以此有效地促进现代职业教育体系的完善。职业启蒙教育通过整合社会组织资源，多空间开展职业角色模拟、行业精英人物讲座、职业场所参观等活动，体验成人职业世界，丰富青少年儿童感官体验和内心世界的建设，帮助他们增强应变能力、表达能力、动手能力、团队协作能力等，以与"职业"相关的社会接触让孩子们学会如何成为社会的主人翁。中高职衔接培养通过高等职业院校与职业中学的合作，拓展中高职衔接专业，实施"3+2"中高职衔接培养模式，开发中高职衔接课程体系，有力地推动了职业教育协调发展。

职业启蒙教育相关理论探讨

职业启蒙教育的相关理论研究在国内外相对较少，相对而言，职业启蒙教育是一个本土化概念，目前我国对其直接研究的理论体系并不成熟，更没有形成统一的规范，职业启蒙教育是作为职业生涯教育的起点，对其理论研究还需要在分析职业生涯教育的基础上进行。通过介绍职业生涯教育的相关理论尤其在基础教育阶段的特点，来反映职业启蒙教育的理论内涵。

一、生涯规划阶段理论

美国职业生涯规划教育大师舒伯（Super）1953年在《美国心理学家》杂志发表文章，提出"生涯"这一概念，分析了工作、职业和生涯之间的关系，同时就职业生涯规划进行界定，形成了生涯规划阶段理论。他认为职业生涯的发展可以看成是一个持续渐进的过程，一直伴随个人的一生，主要分为五个阶段：成长阶段、探索阶段、建立阶段、维持阶段、衰退阶段（表1-1）。

表1-1 职业生涯的五个阶段

阶段	年龄段	学业阶段
成长阶段	0~14岁	幼儿园—小学
探索阶段	15~24岁	小学—中学
建立阶段	25~44岁	大学—初入工作
维持阶段	45~64岁	事业上升期—稳定期
衰退阶段	65岁以后	稳定期—退休期

第一个阶段：成长阶段（0~15岁）。儿童开始辨认他们周围的事物，并逐渐意识到自己的兴趣所在以及和职业相关的一些最基本技能。这个阶段发展的任务是发展自我形象和对工作世界的正确态度，并了解工作的意义。

第二阶段：探索阶段（15~24岁）。青少年开始通过个人尝试一些自己感兴趣的职业活动，对自我能力及角色、职业进行探索。职业倾向趋向于某些特定的领域。

第三阶段：建立阶段（25~44岁）。个人开始尝试选择适合自己的职业领域。这个阶段发展的任务是个人致力于工作上的稳定，大部分人处于最具创造力的时期。

第四阶段：维持阶段（45~64岁）。个人通过不断努力来获得职业生涯的发展和成就，并逐渐能在自己的领域中占有一席之地。这一阶段发展的任务是维持既有成就与地位。

第五阶段：衰退阶段（65岁以上）。由于生理及心理机能日益衰退，个人职业角色的分量逐渐减少，开始考虑退休并享受自己的晚年生活。

将生涯发展理论与教育领域联系在一起的是美国教育家海尔（Herr，1969），并定义生涯教育是围绕生涯发展主题而进行的所有正规教育。到20世纪70年代，随着资本主义经济危机的日益加深，资本主义各国把改良职业教育的问题列入了重要议事日程。美国教育总署专门对"生涯教育"进行了界定："生涯教育是一种综合性的教育计划，其重点放在人的全部生涯，即幼儿园到成年，按照生涯认知、生涯准备、生涯熟练等步骤，逐一实施，使学生获得谋生技能，并建立个人的生活形态。"此后，生涯教育理论得到高度重视，在全美范围内引起轰轰烈烈的教育改革运动。生涯教育理论也得到了英国、日本等其他国家的认可，特别是20世纪90年代以后，各国政府对其越来越重视。时至今日，美国、英国、日本等发达国家的职业生涯理论体系不断完善，职业教育与普通教育相互融合，关注学生为获得未来成功而建立扎实基础所需要的态度、知识和技能。按照其生涯阶段理论，我国的学前教育（2~5岁）和小学教育（6~11岁）属于成长阶段，在此期间儿童形成初步的自我概念和职业认知；中学（12~18岁）属于试探阶段，通过不同的活动进行自我角色能力探索和职业探索，并形成暂时的职业意向。这两个时期可以认为就是进行职业启蒙教育的阶段。

二、人格职业匹配理论

1971年美国霍普金斯大学心理学教授霍兰德（Holland）提出了具有广泛社会影响的人格职业匹配理论。人格职业匹配理论认为职业选择是人格的一种表现，工作兴趣类型即人格类型，人格或人的个性（包括价值观及需要等）是决定个体选择职业的一个重要因素。根据劳动者的心理素质和择业倾向，将劳动者划分为六种基本类型：实用型、研究型、艺术型、社会型、企业型、事物型。由于同一职业吸引有相似人格特质的人，由此工作环境也可以分为与人格类型的分类一致的六种类型。一个人如果知道自己的人格类型和职业类型，就可以预测自己的职业选择、工作变换、职业成就和教育及社会行为。人格职业匹配理论可以用六角模型来解释六种兴趣类型之间的关系（图1-1）。该模型可以用来评估人格特质类型与职业环境类型之间的适配度，如果人格类型与职业环境匹配，就可能增加职业满意度，带来职业成就感和提高职业稳定性，因此，可以为个人选择职业和工作环境提供方向。

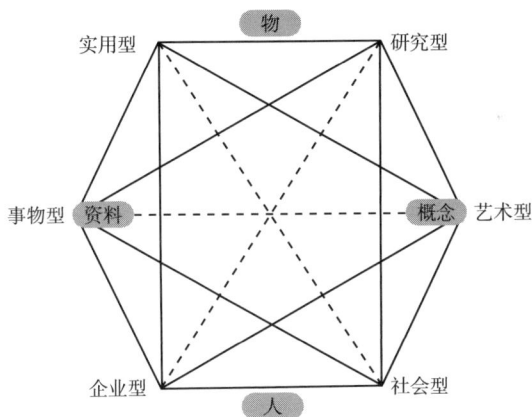

图1-1 霍兰德人格六角模型

人格职业匹配理论实质在于劳动者的职业性向与职业类型的相互适应，同一类型的劳动者与职业互相结合，便是达到适应状态。霍兰德的职业性向理论重点在于将职业分类，结合劳动者的心理素质和择业倾向将劳动者分为不同的类型；为劳动者寻找适合自己的工作提供了依据；使企业能够在招聘过程中，根据不同性质的岗位，招聘不同性格的员工更加简单、快捷。

三、"职业锚"理论

美国麻省理工学院斯隆管理学院、美国著名的职业指导专家埃德加·H.施恩（Edgar.H.Schein）教授领导的专门研究小组通过对麻省理工学院（MIT）44名研究生长达十几年的跟踪研究后提出职业锚理论，这也奠定了施恩在职业生涯规划领域的"教父"级地位。

职业锚，又称职业系锚点。锚，是使船只停泊定位用的铁制器具。职业锚，是指当一个人不得不做出选择的时候，他无论如何都不会放弃的职业中的那种至关重要的东西或价值观，强调个人能力、动机和价值观三方面的相互作用与整合。职业锚理论包括八种类型：自主型职业锚、创业型职业锚、管理能力型职业锚、技术职能型职业锚、安全型职业锚、安全稳定型职业锚，生活型职业锚，服务型职业锚，并推出了职业锚测试量表。经过近30年的发展，职业锚已成为职业生涯规划的必选工具和公司人力资源管理的重要工具。例如，日本丰田公司就使用"职业锚"，对于岗位一线工人采用工作轮调的方式来培养和训练多功能作业员，这样既提高了工人的全面操作能力，又使一些生产骨干的经验得以传授。员工还能在此过程中发现自己的优势在哪里，从而进行准确定位，找到真正适合自己的岗位。一旦员工确立了自己的职业锚，工作起来将会更具积极性和主动性，效率将会有很大提高。

职业生涯发展实际上是一个持续不断的探索过程，在这一过程中，每个个体都在根据自己的天资、能力、动机、需要、态度和价值观等慢慢地形成较为清晰的与职业有关的自我概念。职业锚是个体进入职业生涯早期工作情境后由习得的实际工作经验所决定，并在经验中有与自身的才干、动机、需要和价值观相符合，逐渐发展成为更加清晰全面的职业自我观，以及达到自我满足和成熟的一种长期稳定的职业定位。职业锚理论的发展是职业生涯理论发展的又一进步，该理论体现了现代经济社会重视人的因素这一观念，更加深刻地挖掘人的内在价值观和动机，根据个人不同的职业锚确定自己的职业定位。

四、生涯混沌理论

生涯混沌理论起源于20世纪90年代，是从化学、物理学等自然科学中的混沌理论发展而来的，是职业生涯理论的新兴科学。混沌理论起源于19世纪80年代，法国数学家庞加莱指出，存在一种非周期的轨道，其不会永远增加，但也不会接近一个不动的点。这一重大发现奠定了混沌理论的根基，成了混沌理论起源的萌芽。随后越来越多的学者投入此类研究中来。1963年，美国科学家洛伦茨在研究中发现，初始条件的细微变化可能导致长期结果的巨大不同。这就是著名的"蝴蝶效应"，用来描述系统的敏感性特征，也就是"决定性非线性系统"在某种状态下的微小变化可能导致长期的巨大变化。此后，"洛伦茨吸引子"的提出促进了混沌理论的成形。混沌理论真正从学术领域走向公众领域起始于1987年詹姆斯出版的《混沌：创造一门新科学》（Chaos: Making A New Science），该书详细介绍了混沌理论的内涵，并且预测混沌理论将对人类活动产生巨大的影响。由此，混沌理论从物理学、化学等领域扩展到社会科学领域，并成为一门具有交叉学科特点的理论。随后混沌理论逐渐被人们所熟知。因此，混沌理论是指事物的发展是一个非线性的、不可预测的一个过程。混沌不是纯粹简单的、无顺序的状态，而是在一定系统下产生的一种非线性的、非周期性的状态，是时间上的随机性和空间上的稳定性与不稳定性的统一。

生涯混沌理论强调对复杂性的重视，需要在职业发展和咨询方面有多重视角（Pryor、Bright，2011）。Sampson（2009）指出，现代主义和后现代主义的职业咨询方法出现了明显的不相容现象。他指出了一些潜在的冲突领域，包括现代主义观点基于对职业评估和咨询的标准化方法，而后现代主义观点则侧重于个性化方法。利用系统内部的思想，"生涯混沌理论"将咨询师作为具体的个人以及与他们相似的更大团体的成员来说明。另一个问题是匹配，Sampson正确地指出这是一个过程而非事件。Pryor、Bright（2009）从"混沌职业理论"角度论证，匹配的积极方面被补充而不是被后现代主义技术所取代，其基础是职业发展的世界包含客观和主观两个方面。生涯混沌理论为现代主义和后现代主义职业发展的整合提供了一致的理论、研究和咨询视角。

五、认知发展理论

认知发展理论是著名发展心理学家让·皮亚杰所提出的，被广泛运用于教育教学，被公认为20世纪发展心理学上最权威的理论。认知发展理论提出任何认识过程都包含一定的认识发展结构，即图式（Schemes）、同化（Assimilation）、顺应（Accommodation）和平衡（Equilibrium）。图式是动作的结构或组织，同化是个体以其已有的图式或认知结构为基础去吸收新经验的过程，顺应是改变原有的图式或建立一个新图式以容纳一个新鲜刺激的过程，平衡是由同化和顺应过程均衡所导致的主体结构同客体结构之间的某种相对稳定的适应状态。儿童的认知是在已有图式的基础上，通过同化、顺应和平衡等机制，不断从低级向高级发展的一个建构过程。将儿童的认知发展水平划分感知运动阶段、前运算阶段、具体运算阶段和形式运算阶段四个阶段（表1-2）。

表1-2　儿童认知发展水平四阶段

序号	阶段	阶段特征
1	感知运动	以最基本的感觉、知觉活动感知外界；有本能的反射动作
2	前运算	具有一定的语言表达能力，但表现比较自我；图形与符号功能逐渐建立；具有简单思维，思维不可逆
3	具体运算	掌握一定运算能力，能利用具体经验思维解决问题；能进行简单的抽象思维；能理解守恒；去自我中心
4	形式运算	能进行逻辑推理、归纳演绎并用以解决问题；能进行抽象思维；思维具有可逆性、灵活性

注　来源于孙丽萍的《基于儿童认知发展理论的自然博物馆文创产品设计研究》。

感知运动阶段（0~2岁）：儿童主要认知结构是感知运动图式，借助这种图式可以协调感知输入和动作反应，从而依靠动作去适应环境。

前运算阶段（2~6岁）：儿童将感知动作内化为表象，建立了符号功能，可凭心理符号（主要是表象）进行思维，从而使思维有了质的飞跃。

具体运算阶段（6~11岁）：儿童的认知结构由前运算阶段的表象图式演化为运算图式，具有守恒性、脱自我中心性和可逆性等特点。

形式运算阶段（11岁以后）：儿童思维发展到抽象逻辑推理水平。

小学阶段儿童主要处于具体运算阶段向形式运算阶段的过渡期。在这一阶段，思维形式摆脱思维内容，儿童能够摆脱现实的影响，关注假设的命题，可以对假设命题做出逻辑的和富有创造性的反映。可以进行假设—演绎推理，提出假设，提出各种可能性；然后进行演绎，寻求可能性中的现实性，寻找正确答案。其对于周围世界的认识逐渐清晰起来，对于成人职业世界有着强烈的好奇和探索心理，因此，此阶段是进行职业启蒙教育的关键时期。该阶段是人格形成的关键时期，此时对学生开展职业启蒙教育，不仅有利于学生职业兴趣和职业意向的形成，对创新精神、劳动精神、合作精神等良好品质的养成都具有重要意义。

六、生活教育理论

陶行知在对杜威教育思想的吸取和改造的基础上提出了"生活教育"理论，该理论的核心是"生活即教育"。教育和生活是同一过程，教育含于生活之中，教育必须和生活结合才能发生作用，为此"生活教育"理论"生活即教育"的核心内容是"过什么生活便是受什么教育"。人们在社会上生活不同，因而所受的教育也不同，由此可知，陶行知所说的"教育"是指终生教育，它以"生活"为前提，不与实际生活相结合的教育就不是真正的教育。"生活教育"理论提倡"社会即学校"，其核心思想是反对脱离生活、脱离大众的"小众教育"，主张用社会各方面的力量，打通学校和社会的联系，创办人民所需要的学校，培养社会所需要的人才。"教学做合一"是"生活教育"理论提出的教学思想，以"做"为中心，以"行"求知，强调"行"是获得知识的源泉。

"社会即学校"是"生活即教育"思想在学校与社会关系问题上的具体化；"教学做合一"是"生活即教育"在教学方法问题上的具体化。生活教育理论是一种不断进取创造，旨在探索具有中华民族特色的教育道路的理论，它体现了立足于中国实际，"去谋适合，谋创造"的追求。无论是强调学校教育与社会生活、生产劳动相结合，还是要求手脑并用、在劳力上劳心，都是对学校与社会割裂、书本与生活脱节、劳心与劳力分离的传统教育的反对，显示出强烈的时代气息。陶行知的生活教育理论是我们民族教育理论宝库中十分可贵的遗产。

职业启蒙教育国内外研究综述

职业启蒙教育是在职业教育基础上提出来的，国外更多的是把职业启蒙教育纳入职业生涯规划或教育的一个环节进行，以职业生涯教育概而论之，有许多值得借鉴的理论和经验。本节主要从职业启蒙教育理论研究、实践研究和资源研究三个层面对国内外文献进行分析，以期为国内职业启蒙教育的良性发展和完善优化提供参考。

一、职业启蒙教育理论研究

职业启蒙教育理论研究主要包括对职业启蒙教育概念和内涵界定、重要性的研究等方面。美国职业生涯规划教育大师舒伯（Super.D.E）的生涯规划阶段理论、德国的凯兴斯泰纳劳动教育理论、霍兰德（Holland）的人格职业匹配理论、埃德加·H.施恩（Edgar.H.Schein）的"职业锚"理论等都为职业启蒙教育提供了有力支撑，也为职业启蒙教育内涵界定指明了方向，国外很少有职业启蒙教育的说法，将职业启蒙教育归为职业生涯教育，美国教育家海尔等都对职业生涯教育内涵进行了界定，Schloss等人提出对职业教育的教师进行职业启蒙教育学习和培训。

我国多数学者对职业启蒙教育理论研究基于国外职业生涯教育基础上。如刘晓通过对国内有关文献的研究分析后，指出我国对职业启蒙教育的内涵研究分为两大思路，一是把职业启蒙教育视为一种职业探索，归入职业生涯规划范畴；二是培养学生的综合能力，实现多元发展目标，将职业启蒙教育归到素质教育范畴。杨红荃提出职业启蒙教育的核心逻辑是在中小学的教学互动中引入职业教育因素。陈鹏认为职业启蒙教育对儿童实施的关于神秘职业的入门教育，其内在地包含着对职业认知、职业理想和职业伦理的初步养成。关晶在梳理我国职业教育体系存在的问题时强调职业启蒙教育是职业教育体系中必不可少的阶段。各学者对于职业启蒙教育理论支撑已经比较统一，对于职业启蒙教育的重要性也达成一致，但概念内涵的解释是各不相同。

二、职业启蒙教育实践研究

职业启蒙教育的实践探索相对比较落后，主要集中于对职业启蒙教育实践案例和现状调研的研究。

1.关于职业启蒙教育实践案例的研究

通过文献整理和分析发现，研究主要集中于中职学校与中小学合作实施职业启蒙教育的实践案例，如江苏金坛中等专科学校，搭建网络资源共享平台，面向中小学校利用线上线下相结合的方式开展职业启蒙教育，如常州卫生高等职业技术学校开发了有梯度的医药卫生类职业体验项目等。对于职业启蒙教育实践案例研究在全国还存在区域差距，与理论相距甚远，实践需要紧跟理论研究，并驾齐驱。

2.关于职业启蒙教育现状调查的研究

近几年，多位学者开展了实地调查研究，为职业启蒙教育研究提供更为丰富的事实依据和客观背景。陈万红通过实地走访调查发现，不少中小学开展职业启蒙教育存在很多困境，如在具体教育活动开展过程中忽视了学生的兴趣，大多存在应试教育的倾向，难以发挥职业启蒙教育应有之义。上官子木通过对比发达国家职业生涯教育实践案例后指出，我国职业启蒙教育实践在职业探索期、自我了解途径、社会生存经历以及未来人生规划这四个方面都存在不足与缺失。陈鹏则重点针对一所小学进行个案研究，通过师生问卷和访谈、实地观察等形式，发现多数小学生有自己的职业理想并愿意为之探索，但整体上对"理想工作"的认知水平不高，职业认知领域比较狭窄。杜启明则通过走访中小学师生的形式研究指出：家长和学校受应试教育的影响，忽视不计分数的职业启蒙教育；社会方面更是没有投入更多的关注，学生对职业的认识也是片面和模糊的。整体来看，研究视角全面但缺乏深入研究，学者站在高位全面分析职业启蒙教育实施的障碍，但并未给出切实可行的建议和策略，多方面问题仅仅点到为止，并未展开细致的讨论。今后提出实施建议时可落地到学校，与一线教师进行沟通交流，结合学校与学生的具体情况，提出行之有效的实施建议。

三、职业启蒙教育资源研究

对于职业启蒙教育资源目前学者普遍提出的是资源短缺及资源区域分布不均衡等问题，如李彦儒采取实地调研多所中小学的方式，在分析调查数据的基础上指出当前中小学在有效落实职业启蒙教育过程中存在资源导入不足。邵文琪指出目前职业启蒙教育资源整合存在参与主体管理与保障机制不明确、资源区域分布不均、资源共享平台不健全。张瑶调查研究发现当前职业启蒙教育实施过程中出现的教育资源的分散、无序以及配置不均衡等问题，并提出职业启蒙教育资源整合存在教育理念革新困难、参与主体之间联动性不强、资源整合环境建设环节薄弱等困境。

当前职业启蒙教育在资源整合与导入方面存在多重困境。如何在不断加强理论探讨和深化实践的基础上，结合区域特色又好又快地落实职业启蒙教育，已经成为地方政府主管部门、学校、社会和家庭必须引起高度重视的问题。我国对于职业启蒙教育研究处于初级阶段，理论方面很多都借鉴国外的职业生涯教育的相关理论，实践探索也不够深入、具体，有关职业启蒙教育的相关探索还需要进一步完善。

第 二 章

青少年职业启蒙教育
实施现状审视

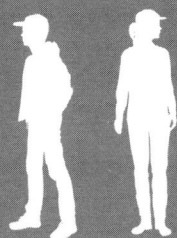

第一节

国内外职业启蒙教育发展脉络

长期的生涯教育有利于学生更好地了解和评价自己，从而正确地选择与自己的兴趣、能力、价值观一致的人生发展道路，做到"人职匹配"。当我国职业启蒙教育还在起步阶段，纵观国内外学者的研究发现，在美国、英国、加拿大、日本、韩国等发达国家对职业生涯教育的理论与实践研究较为完善，同时每个国家充分结合自身国情和需求的不同，对职业生涯教育的研究也有所侧重。

一、国外职业启蒙教育发展脉络

国外对于职业启蒙教育的探究一般围绕职业生涯教育展开，职业启蒙教育是整个职业生涯教育的基础和起点。美国早在20世纪70年代就开始推行职业生涯教育，到20世纪80年代，美国联邦政府成立"国家职业信息协调委员会"，并出台一系列方针，指出小学阶段要进行"职业了解"，使小学生通过参与职业相关的活动对职业形成初步认识。美国已形成相对完善的课程体系，为指导学生进行职业生涯教育配备专业教师，同时将职业生涯教育的相关理念融入专业课程教学中。德国是"双元制"教育，在职业生涯启蒙教育的第一次分流之前，学校会安排学生到企业或职业学校进行参观体验，学生可以进入企业进行两年的定向期职业体验，若学生在此时间段内发现自己的能力与承担岗位并不匹配，可以通过一定的考核实现转学。若学生在定向期时间段之后发现自己能力与承担岗位并不匹配，学生依然可以通过接受各种形式的补习教育实现转学或者升学。日本是在2006年推出了"职业生涯教育综合计划"，在小学到高中阶段便制定计划让学生进行职业体验和企业实习活动，同时在学校、政府、企业、家庭四方面的相互配合下，学生还可利用业余时间参加各类实践活动，到一些部门进行职业参观和实践，让职业生涯教育形成一种以促进人格发展为目标的体系。英国是在2009年推出的职业指导计划中要求学校最迟在中学二年级开始实施职业生涯教育。韩国是在2009年在修订的教育课程中不断强调"职业生涯教育是培养能引领未来社会发展方向的创新人才的核心课题"。通过对不同国家职业启蒙教育的研究，不仅对丰富的实践活动和政策规划进行研究，也对职业生涯发展的理论进行研究，这些研究对我国开展职业启蒙教育具有重要指导意义。

1.美国职业启蒙教育发展脉络

美国生涯教育发展经历了一个从理论研究到立法研究再到实践研究的过程。美国是现代职业生涯教育的发祥地，也是目前职业生涯体系最为完善的国家之一。

（1）萌芽期（20世纪初~20世纪70年代）：职业指导阶段。

20世纪初期职业生涯教育思想在美国诞生，20世纪70年代美国正式提出"职业生涯教育"（Career Education）的概念，但是其理论渊源可以追溯到20世纪初叶由美国学者帕森斯等人提出的职业指导。

1953年，美国职业生涯规划教育大师舒伯（Super）从终身教育的视角出发，将个人职业生涯发展分为五个阶段，通过在不同阶段参加不同的职业体验活动进行职业探索，形成对某一职业的向往，其中五个阶段中的成长和试探两个阶段也就是职业启蒙教育阶段。

（2）成型期（20世纪70~80年代）：职业指导转向职业生涯教育阶段。

1971年美国一批职业生涯教育家针对职业生涯教育理论与实践进行了方方面面的研究，在全国掀起了职业生涯教育的研究热潮。部分学者认为"职业生涯教育就是指帮助和指导学生对未来的生活进行规划的活动"。另有学者认为"职业生涯教育是有目的、有计划、有组织地培养个体规划自我职业生涯的意识与技能"。通过对学者们的研究可以看出，大家普遍认为职业生涯教育是有目的、有计划、有组织地培养个体规划职业生涯的意识、技能，引导个体进行职业生涯规划为主线的综合性教育活动，进而最终达到发展个体综合职业能力、促进个体职业生涯发展的活动。

1974年，美国通过了第一个职业生涯教育法案《生计教育法》。《生计教育法》详细规定了职业生涯教育实施的步骤和阶段，它将生涯教育分为四种模式，包括以学校为基础的模式、以家庭为基础的模式、以雇主为基础的模式和以地方的寄宿制为基础的模式。其中以学校为基础的模式就是把不同年级不同阶段的教育分别对应职业了解阶段、职业探索阶段和职业选择阶段，其中职业了解阶段又称为职业启蒙教育阶段，该阶段的任务主要通过模块教学让小学生在活动中树立起关于各种职业的初步观念，培养小学生的职业意识和自我意识，扩大小学生对职业的认识。《生计教育法》是美国历史上第一个体现职业启蒙思想的法案，在整个法案中虽没有出现"职业启蒙"的文字，却让职业启蒙教育思想得到广泛传播。

1977年，美国出台了职业生涯教育奖励法用于鼓励全国各地区开展职业生涯教育实验。"生涯教育"被界定为一项综合性教育计划，时间贯穿幼儿园到成年的全部生涯，使学生从生涯认知、生涯准备逐步达到生涯熟练，从而使学生获得一定的谋生能力。生涯教育促进了就业率的上升以及社会的稳定，获得学生以及社会各界的一致好评，被誉为"由政府创办的一种最有前途的教育事业"。

20世纪80年代美国联邦政府通过国会立法专门成立了"国家职业信息协调委员会"，美国政府1989年制定发布《国家职业生涯发展指导方针》，指导方针中明确规定："职业指导从小学教育开始，即从孩子6岁开始，就要接受职业发展指导。"美国教育专家将2万多个社会职业划分成15个职业群，基本涵盖了工、农、商、学各行各业。美国各州实施阶段式的生涯教育，包括生涯认知教育（幼儿园到小学）阶段；生涯探索教育（中小学到初中）阶段；生涯定向教育（初三到高一）阶段；生涯准备教育（高中）阶段；生涯安置教育（高中以后）阶段。其中小学阶段又分为低、中、高三个学段（表2–1）。在职业生涯发展理论的指导下，美国设计中小学职业启蒙教育内容坚持三个原则：一是职业启蒙教育课程应面向所有学生；二是职业启蒙教育是一种持续性教育，应贯穿学前、中小学；三是中学毕业的学生，包括中途退学者，都须掌握谋生的技能。在这些原则的指导下，美国以教材、多彩活动的形式将职业启蒙教育目标分阶段地呈现给学生，使他们了解不同类型的职业。2006年美国在《卡尔·珀金斯生涯与技术教育改进法》明确用"生涯与技术教育"替代"职业与技术教育"，2012年美国联邦教育部颁布《投资美国未来：生涯和技术教育改革蓝图》，意味着美国的职业教育越来越关注学生在整个职业生涯阶段的发展而不是某一特定岗培。

表2-1　美国小学职业启蒙教育各学段目标与任务

年段	目标	具体任务
小学1~2年级	启发学生对职业领域的好奇心	课堂中：采用多媒体教学手段，向学生播放PPT、图片、视频等，对常见的一些职业进行基本的对应介绍 实践活动：让学生对已知的职业进行角色扮演
小学3~4年级	有意识引导并强化学生对职业的认识	课堂中：布置课后作业，让学生对身边职业进行观察和调查 实践活动：学生调查收集相关资料
小学5~6年级	基于前期的职业学习，进一步加深职业认知	课堂中：将职业相关知识引入学校课堂教学中 实践活动：让学生角色扮演自己梦想从事的职业

（3）成熟期（20世纪80年代以后）：职业生涯教育阶段。

1994年全美开展了为期6年的School-to-Work（STW）运动，通过实际工作中具体项目来帮助学生实现由学校到工作的顺利过渡。

21世纪初，美国又在STW的基础上开展了School-to-Career（STC）运动，STC重在强调职业教育所体现全民参与的终身教育性质。在之后的一段时间美国又尝试了一系列的生涯教育改革运动，各州相继通过了在学校教育阶段开设生涯教育课程的相关法律，并在相关财政上给予一定支持。之后在美国职业生涯教育从幼儿到大学阶段各级各类教育阶段的合法地位得到确认。

进入21世纪之后，美国的职业生涯教育理论与体系已逐渐成熟。具体来说，职业生涯教育将学生从幼儿园到大学的系统框架分为认知、探索和准备三个阶段，依据学生的身心发展规律结合不同阶段具有不同的侧重点来设定不同阶段的教育目标和课程安排。美国职业生涯教育从理论层面发展到实践层面，进而达到一个全新的高度，部分学者也努力将职业生涯教育发展得更为多样化与专业化。

近阶段，美国很多研究者关注研究职业生涯教育标准，不仅含进一步核定课程体系标准，也含职业生涯教育教师持续专业化的提升。现有很多学者正着力开发更为灵活的职业生涯教育机制，让学生日常学习的弹性和选择空间更大，也方便学生对未来职业生涯的探索和思考。

Mary、Wendy介绍了系统理论框架对职业生涯理论和各理论整合的贡献，并以系统思维和系统理论框架的视角探究工作、学习和职业认同之间的关键结构。

与人职匹配理论相比，职业发展理论显然更为关注个体的职业选择发展的活动以及整体职业生涯发展。Peter、France 从能力方法（Capability Approach）的角度丰富了职业指导理论，并总结其在职业研究、政策和实践方面的应用。

综上所述，目前美国通过各种方法，在小学、初中和高中完善了职业生涯教育。

2.加拿大职业启蒙教育发展脉络

加拿大是一个多元文化国家，没有统一的教育制度，职业生涯开展在全国也没有统一的标准。加拿大教育融合了英国学术严谨和美国自由创新的特点，结合自身上百年的实践经验，锻造出一个相对完善的职业生涯教育体系，形成了从小学到大学完整的职业生涯教育"链"。加拿大的职业生涯教育始于小学阶段——加拿大的小学会安排不同的"职业日"，邀请学生家长或是社会人士到学校做职业介绍，但是深入而系统的职业生涯教育还是放在中学及以后的阶段，中学阶段进入木工、缝纫、烹调、油漆、制陶等工作场所，并规定至少要掌握两门职业技术（学分为参考），为升学或就业做准备。

在职业生涯教育方面，加拿大有着较为成熟的生涯辅导实践。在加拿大，生涯辅导在学校和社区广泛开展，旨在帮助学生正确认识自我，培养学生的生涯规划和生涯决策能力，提升其适应不断变化的社会和职场的能力，其具体的生涯辅导方式包括生涯教育、生涯心理咨询、生涯规划与指导、升学指导及就业指导等。职业生涯指导课程是指开设专门的课程，由专门的职业生涯教育教师为学生授课。加拿大在职业生涯教育课程方面，早已在 K12 教育体系的基础上建立起了较为完备的生涯教育课程体系。文献大多选择相对比较有代表性的省进行研究，如以安大略省职业生涯教育研究为例，启蒙教育从小学阶段开始，在中学及以后的阶段形成深入而系统的体系。下面以安大略省中小学职业生涯教育的发展历程为例进行分析。

（1）萌芽期（20世纪40~70年代）：职业指导阶段。

20世纪初，加拿大的工业、制造业急速发展，城市化水平提高，就业岗位增多、新型职业相继出现。国内也相继出现了一系列社会问题，如人岗不匹配导致失业人群的数量较高。为解决这些问题，加拿大的社会活动家、教育者自发形成志愿者组织为社会成员提供职业指导和建议。

1918年，加拿大成立就业服务委员会，开始提供官方的职业指导和咨询。1921年后，加拿大在部分学校进行相关职业指导，让学生有机会参加不同岗位的职业体验。1938年，加拿大教育系统开始在大学和学院中提供职业指导，为有就业需求的人提供帮助。随着国家经济的快速发展，职业指导延伸至基础教育阶段。1944年，加拿大安大略省教育部任命了一名指导执行官，中等学校委员会安排咨询官员为中学生提供职业咨询指导。1950年后，加拿大相关学校的老师结合学生特点及需求因材施教。1968年，安大略省教育部出台全新的职业指导政策，学校安排相关咨询教师提供个性化咨询服务，在多方支持下帮助学生更好地挖掘自己的职业潜能，并通过多种方式来帮助学生适应角色的变换来应对复杂的社会环境。20世纪70年代，安大略省不断更新学校系统的指导性政策文件，来更好地为学生提供职业指导。

总体来看，20世纪70年代前安大略省中小学的职业生涯教育处于以职业指导为主的萌芽阶段。

（2）成型期（20世纪80~90年代）：职业指导转向职业生涯教育阶段。

20世纪70年代后期，由于受经济影响，尤其是青年失业率居高不下。政府部门越来越重视为青年提供职业指导和咨询，来应对角色转换的社会问题。同时这一阶段将很多中学提升为综合性中学，不仅在课程体系上设置专业方向的课程，还设置一些职业指导的课程，开展一些相关的职业反哺教育兴趣活动，并制定个性化发展指导教育方案，为学生之后进入工作岗位奠定坚实的基础。

20世纪80年代加拿大从幼儿园到中学阶段的公立学校增加提高职业探索和职业规划的相关课程，自此职业生涯教育作为独立于职业指导和咨询领域而正式形成。20世纪90年代以后安大略省不仅将职业发展融入小学阶段并将其视为终身学习的过程，还将教育部门、学校与商业团体、企业等加强合作，通过校企合作为学生提供职业实习的机会并帮助学生在短期社会实践中获得经验和熟悉工作场所和职业。此外，安大略省还出台职业生涯教育相关政策为中小学职业生涯教育提供指导，如1992年颁布的《转折年7~9年级：政策与项目要求》，1999年出台的《选择行动：中小学职业生涯教育与指导政策》，这项指导政策目的是帮助中小学生养成良好的工作习惯，提升他们综合职业素养能力，增加进入职业进行岗位工作的应对能力。

总之，这一时期安大略省中小学的职业生涯教育处于成型阶段。安大略省中小学职业生涯教育不仅局限于职业指导，更重视学生多方面能力提升，关注其终身职业生涯发展；提供职业生涯发展相关的活动和课程职业生涯教育融入小学，还开展各项合作教育，如开设短期实习项目、暑期工作项目，通过咨询指导、课程、活动等途径实施职业生涯教育。

（3）成熟期（21世纪之后）：职业生涯教育阶段。

安大略省新一任领导团队上台后，从2003年开始新一轮改革，本次改革关注学生从小学到中学，从中学到大学，再从大学到社会的过渡，重视学生的优势与需求，为后期就业做好准备。

面对加拿大社会环境的变化、基础教育的改革和国际职业生涯教育理论发展等一系列现实，安大略省中小学的职业生涯教育在此阶段进一步完善。进一步推广《选择行动：1~12年级职业生涯教育与指导政策》的实施，倡导学校教育重视对学生的职业生涯指导，将其职业发展与生涯其他角色相结合，职业生涯教育还通过职业认识自我、认识周围环境和整个国家以及国际社会，发展学生社会交往等方面的技能。此外，在2000年发布《合作教育及其他形式的体验学习》政策为中学的职业教育实践提供指导，2006年发布中学阶段的《职业生涯教育与指导》课程，将《职业生涯研究》列为中学生的必学科目。进入21世纪第二个十年后，安大略省教育部认识到新一代学生的需求发生了变化，面临的挑战和机遇以往任何时代的学生有所不同，在2013年颁布了《创造通往成功的道路》政策，从幼儿园就开始加强对学生教育和职业生涯规划的能力的培养，一直贯穿至中学12年级。

综上所述，现阶段安大略省中小学的职业生涯教育发展进入了相对成熟的阶段。职业生涯教育的内涵相对丰富且全面，实施途径多元并存、相辅相成，课程类型多种多样以达到全程全方位地实施职业生涯教育。

3.英国职业启蒙教育发展脉络

（1）萌芽期（20世纪初~20世纪60年代以前）：职业指导阶段。

英国的职业指导开始于青少年服务，经历了一个不断专业化和自由化的过程。20世纪60年代以前，英国社会就萌发了对青年进行职业指导的意识，并推出《劳动力交换法》《职业选择法》来为青年提供职业咨询，早期由于职业指导工作人员没有经过职业资格的培训，只能基于个人经验及常识为即将毕业的学生提供职业相关信息，为需要就业帮助的学生推荐职业岗位。

（2）成型期（20世纪60年代~2008年）：职业指导转向职业生涯教育阶段。

20世纪60年代，英国的生涯教育由校外的职业指导转变为系统的生涯教育而发展起来。

2000年英国教育与就业部颁布《新课程中的生涯发展教育》文件，这个文件明确了生涯教育的具体目标是自我发展、生涯探索和生涯管理。

2003年英国教育与技能部制定了《全国11~19岁生涯教育与指导框架》，这个文件不仅包含生涯教育目标，还增加了生涯教育的具体内容、活动方式和生涯实施实例，为学校的生涯教育实施提供标准和参照。

（3）成熟期（2009年以后）：职业生涯教育阶段。

2009年英国政府相关部门推出了一项职业指导计划，将职业生涯教育列入学校教育的一部分，并强调最迟在中学二年级开始实施，各类型中学都有法定责任为学段三（7~9年级）和学段四（10~11年级）的全部学生提供职业生涯指导和职业岗位信息。

2012年英国生涯教育与指导协会制定《生涯教育与工作相关教育框架》，进一步规定了生涯教育的实施内容和理论依据。

2013年开始，英国当局成功地将职业生涯指导人员的协会和职业生涯教师的协会融合到职业生涯发展研究所（CDI）中。英国职业指导从业人员都经过严格选拔，能专业性地为每一位求助者提供意见，并根据求助者在工作和生活中不断调整的需求，灵活地为其调整职业规划。英国职业生涯指导教育的典型特征是高度的自由，英国政府给出了接受职业生涯指导的最低年龄建议，推行了一系列职业指导计划，具体实施细节由学校结合学生具体情况进行制定计划。此外，英国职业生涯指导教育在社会上也具有非常多专业的组织机构来实施职业生涯指导。

英国政府在20世纪90年代规定任何愿意提供职业生涯指导服务的地方当局、志愿组织或营利性公司均可以在投标合同的指定领域范围内提供服务。专业的机构必须用高质量的服务帮助客户做出足够满意的职业规划才能够获得相应的报酬。目前英国很多中小学都选择与一些社会上的专业机构合作，由其为学校提供相应的职业指导服务。英国在实施职业生涯指导时强调社会共建，确保几乎每一个社会职能部门都配有专业人士为有需要的人群提供职业生涯指导。英国的每个社区均设有青年志愿组织及青少年实习培训中心，由政府和企业共同为其提供实习岗位，学生在技能培训之后可根据自己的能力和兴趣申请实习岗位，这些职业实习经历在之后大学申请和找工作中都是被认可的。

4.日本职业启蒙教育发展脉络

日本从政府、企业、社会到家长都很重视职场启蒙教育。小学以参观为主、中学以职场体验为主、高中以职场见习为主的递进体系。

（1）萌芽期（20世纪50年代）：职业指导阶段。

日本的职业生涯教育引自于美国，最初使用的是"职业指导"这一概念。自职业生涯教育引入日本以后，研究学者和政府就对其高度重视，不同历史时期均要在全国范围内组织实地调查，召开教育审议会讨论修订了职业生涯教育的定义，并颁布最新的中小学职业生涯教育的实施指南。

（2）成型期（20世纪50、60年代~20世纪70、80年代）：职业指导转向职业生涯教育阶段。

20世纪50、60年代，职业生涯教育就业导向性十分强烈，主要为了给特定工作领域快速培养出所需要的人才。20世纪70、80年代，日本将职业生涯教育变为职业素养教育，强调对学生实践性能力的提升，如在学校安排男生学习以机械、木工等为主的"技术科"，女生则学习以烹饪、保育等为主的"家庭科"，让学生能够更好地适应工作和家庭生活。

（3）成熟期（20世纪80年代以后）：职业生涯教育阶段。

20世纪80年代中后期至今，日本的生涯教育由之前强调的升学指导、男女分开教学改为关注学生的整个生涯发展。在中小学将生涯教育视为德育的重要组成部分，强调脑力劳动和体力劳动同等重要来培养学生树立正确的人才观。日本的职业生涯教育具有职业性强的特点，在中小学任何一个阶段都格外重视职场体验活动，如小学以参观为主、中学以职场体验为主、高中以职场见习为主的层次递进的职业活动体系。日本的职业生涯教育由政府主导并推行，体现出强制性、系统性和递进性，为化解政府、社会与学校三者之间的矛盾提供了指南。以指导学生升学就业为主，强调对于学生自身未来生存方式的启发，引导学生重视与毕业后自身职业和社会发展有关的指导活动。

1999年第一次正式使用"生涯教育"，同年把职业生涯教育以教学大纲的形式列入学校计划中，形成一套从小学、初中、高中前后完整连贯的生涯教育方案。

2002年日本国立教育政策研究所中小学指导研究中心认为，中小学的劳动观、职业观由人际关系的形成能力、信息活用能力、对将来的设计能力、计划与决定的能力四个方面能力构成，指出这不是某一阶段性的教育，而是贯穿于人一生的职业教育，因此命名"职业生涯教育"。

2006年日本又推出了"职业生涯教育综合计划"，在从小学到高中不同阶段的所有学校中实施职业体验活动和岗位实习活动。

日本通过对职业生涯教育长时间不断地探索，现在已形成了一个不以就业为目的而是以促进学生完美人格发展为目的的教育体系。

5.德国职业启蒙教育发展脉络

作为职业启蒙教育理念发源地，德国从理念到实践都备受世人推崇。德国在幼儿园三年4000多个小时里，孩子们的主要任务都是在培养生活自理能力、初步认知社会。幼儿园实现的方式主要是参观学习和模拟体验，上小学前的德国孩子，能自己搭配衣服、管理时间、自己约会、制订计划，熟悉交通规则，学习使用收录机、煎烤箱等仪器，对紧急情况做出反应，自己找警察，认识每年的重要事件。等到孩子进入小学和中学后，除了参观学习还会参加很多职业模拟活动，能让孩子们在进入社会前初步了解职业的基本知识、特点、兴趣，其中中学操作课分必修课包括办公技术、制图、打字、财会、销售，选修包括缝纫、家政、电子、木工，以及电器类、护理类、商业类和管理类等课程，为自己未来的就业提供指南。

在20世纪初期德国教育家凯兴斯泰纳提出的"劳作学校"思想就是最初的职业启蒙教育。劳作学校又名性格陶冶学校，其办学目的是为学生提供一种职业教育的"预备教育"，即职业启蒙教育。因此，在德国，职业启蒙教育往往又被表述为"职业前的教育和咨询服务"。它突出体现劳动价值，让学生了解基本的劳动和生产方式，帮助学生适应经济发展的需求，为学生未来踏入工作岗位奠定基础。德国的职业启蒙教育常常与职业指导、劳动课以及经济教育等形式和内容的课程及课外活动联系在一起，职业启蒙教育覆盖了中小学教育的整个阶段。

（1）萌芽期（14世纪~20世纪初）：职业启蒙教育。

早在14世纪，德国国民学校的前身（德意志学校）以培养学生的听、说、读、写、算等技能为目的，实现服务学生就业。17世纪，工作学校和生产学习车间的出现，为广大青年提供了一些以工作为导向的基础课程。18世纪末和19世纪初，为将全国的青少年培养成为未来合格的劳动者，产业学校取代了德国所有的传统小学。20世纪初，由凯兴斯泰纳设立的劳作学校，通过"职前车间讲习班"对学生进行劳动教育，帮助学生理解手工业和服务业。在工业学校和劳作学校，不仅培养学生的思维、人格和行为习惯，还对学生进行职业启蒙教育。

第二次世界大战之后，由于培训和工作基地的缺失，学生从学习到工作的过渡遭遇困境，20世纪50年代以职业为导向的职业教育产生了。20世纪50~60年代，职业启蒙教育主要体现在学徒前的预备班，局限于国民学校和其后部分代替它的主体学校。当时的德国教养和教育委员会指出：

①劳动课是职业准备／职业基础教育，其本身不是职业培训；

②劳动课让学生了解基本的劳动和生产方式；

③劳动课可以以企业参观与实习的形式安排在学校的工作间或企业；

④劳动课不限制学生性别，男女学生都要参加；

⑤劳动课的核心功能是帮助学生适应经济发展的需求，并且为学生将来踏入工作岗位奠定基础。

20世纪60年代早期，由于教育系统和就业系统的衔接障碍，学者们倡导以工作为导向的教育方式。在学校教育阶段开设劳动课，不是为了帮助学生获得职业资格或培养学生从事某项具体的工作，而是将学校所学的专业知识与社会经济、技术现状及企业岗位实际需求相结合，让学生在劳动课上通过耳濡目染的方式形成职业意识。

德国教育和培训委员会的建议中明确指出：劳动课是职业启蒙教育，而不是职业培训；劳动教育通过让学生熟悉生产和工作的主要特征，为学生将来进入生产和服务行业工作奠定基础；劳动课是一门独立的课程，集手工、知识和特色教育于一体，必须在模拟的生产情景中实施；劳动课可以在生产车间内进行，以商业调查和工业布局的形式进行课程教学；劳动课须向全体学生普及。

（2）成型期（20世纪70~80年代）：职业启蒙教育得到认可。

20世纪70~80年代，德国教育政策制订及咨询的权威机构，通过决议和建议等形式，重申和进一步明确了以劳动课等形式开展的职业启蒙教育的价值与意义，强调其在中学课程中不可或缺的地位。

1969年文教部长联席会议（KFK）关于在主体中学开设劳动课的建议中明确表示，劳动课不是职业培训，劳动课应该传授学生技术、经济及社会政治领域的见识、知识和能力，为学生之间的相互合作提供新的动力；帮助学生找到自己喜欢的职业领域，为学生选择从事某一职业做好准备。劳动课应由引导学生了解工业及工作世界、培养学生的劳动行为、帮助学生探索职业三个部分组成。

直到20世纪70年代初，在学校课程中融入经济、技术及职业方面的内容逐渐得到认可；多数人意识到劳动课一种通用实践教育，是中等教育中必要的组成部分。之后，工会和商会等许多利益相关者对职业启蒙教育政策和内容等话题的探讨在一定程度上巩固了职业启蒙教育的地位，也对职业启蒙教育进一步的发展提供了有利条件。

1979年，德国工会联合会（DGB）出台了劳动课教学工作纲领文件，文件确定了劳动课以为劳动者的利益服务为宗旨，强调理论联系实际和教学原则的统一。在劳动课教学工作纲领文件中要求劳动课的教学目标应包括：为学生提供双向选择工作岗位的机会；提高学生工作标准；在劳动课上重视对提高学生的择业能力的培养；能够通过劳动课更好地诠释技术、经济、政治和工作之间的关系，创造人性化工作的良好社会环境。

德国雇主联合会（BDA）认为，劳动课的主要关注点应该在于帮助学生处理家庭、工作和市场等生活情境中遇到的问题。劳动课要向学生传授企业具体运营和宏观经济的现状、需求，并分析两者之间的相互作用关系和存在的问题，同时培养学生在岗位中的判断能力和决策能力，引导学生养成自立、敢于担当责任的习惯。

20世纪80年代，在工作、技术与经济协会等相关利益组织的推动下，德国的许多州投入较多资源，进行劳动课的课程计划和教学大纲的编制与修改。职业启蒙教育的价值在失业问题及技术的进一步发展的情况下更加凸显。

1984年，文教部长联席会议决定将1969年提出的开设劳动课的建议付诸实施，并将其在初中教育中普及。

（3）成熟期（20世纪90年代以后）：职业启蒙教育逐渐成熟多样化。

1993年，文教部长联席会议将劳动课列为初中教育的必修课程，职业启蒙教育实现形式多样化，同时将以主体中学为主逐渐拓展到实科中学和文法中学。

2001年，文教部长联席会议将经济教育纳入普通教育的范畴，主要目的是引导学生认识和理解职业及工作世界。文教部部长联席会议提倡校企之间就经济教育展开对话与合作，可以通过职业指导，以及劳动课等多种形式在课内、课外及校外以不同的课程形式开展。

2000年以后，教育与文教部部长联席会议及社会各界均对初中的经济教育和劳动教育发展密切关注。经过一段时间的实践，德国教育由"劳动课"形成具有特色的"双元制"教学模式，双元制教学组织过程最显著的特征就是学院内的理论教学与培训企业的实践教学交替进行，以实现对学生的培养目标。职业指导课的授课者不仅有学校的专职劳技教育教师，还有来自经济界和社会领域从业人员。

总之，在德国独特的教育制度下，劳动技术教育显示出多样性强且灵活度极高的特点。结合本州产业及学生情况劳动技术教育的课时、名称、教材等各有不同，但具有总体一致的课程目标，就是帮助学生树立与时俱进的职业观，通过经济、技术现状及其实际需求相结合的现代劳动技术课，让学生在劳动技术教育中培养职业意识。

6.韩国职业启蒙教育发展脉络

（1）萌芽期：职业生涯指导。

从21世纪开始，韩国社会和政府逐渐加强对职业生涯教育的关注，学校和社区合作加快构建职业生涯教育体系。随着科学技术的发展及社会的急剧变化，青年人职业变动加快，学者们从终身教育的角度考虑纷纷提出了开展职业生涯教育的必要性。

2004年韩国提出了"加强职业生涯指导方案"。韩国政府成立了全国职业生涯指导协议会，构建了政治层面职业生涯教育支援体。

2005年发布的《终身职业生涯开发五年计划》提出：各级教育行政部门要加强职业生涯教育工作，强调以体验为主的职业生涯教育等。相关部门结合这一计划建立了支持职业生涯教育的体系。

2006年，韩国政府根据《国家职业生涯教育资助体系建设方案》，成立"国家职业生涯教育专门委员会"。此后，韩国教育部对于职业生涯教育政策的制定和完善，便围绕着人才队伍、基础设施、职业体验、职业生涯教育支援体系的方向开展。

（2）成型期：职业生涯实践。

2009年开始，韩国政府在修订的教育课程中不断强调"职业生涯教育是培养能引领未来社会发展方向的创新人才的核心课题"。为了让这些创新创业人才尽情施展梦想和才干，韩国政府将"幸福教育"定位为国家教育政策的主要抓手，提出与"职业生涯教育"相关的"推进实现梦想和培养才能并行的学校教育"这一国政课题，将"根据学生特点量身定制的职业生涯规划"作为主要课题包含在内，并出台《职业生涯教育法》等法规，为在韩国进一步拓展职业生涯教育奠定基础。

2011年，韩国发布《职业生涯实践性教学方案》，有针对性地对部分中学的职业生涯专职教师进行部署工作，让专职教师在实践中指导学生树立正确的职业观，培养学生的职业意识。

2013年，开始将职业生涯专职教师的配置扩大到韩国所有中学，并实行自由学期制。

（3）成熟期：职业生涯教育。

2016年4月，韩国教育部发布《第二次职业生涯教育五年基本计划（2016—2020年）》（以下简称《基本计划》），提出加强中小学职业生涯教育的力度，扩大职业生涯教育对象，丰富职业体验活动，完善基础设施建设，制定专业性的职业生涯专职导师制、政府主导的职业体验项目等。为使学生能充分获得职业生涯学习的机会，在学校的教育课程中完善了以自我主导为前提、探索未来职业生涯的自由学期制，并开展以职业生涯课程为中心的职业生涯学期制，积极拓展中小学职业生涯教育。

2017年，韩国政府将"扩大职业生涯探索活动"列为一项重要的国政课题，并出台《学生创业教育活性化方案》。

2018年，政府还陆续颁布了《"政府—公共—民间"共同促进学生创业教育活性化方案》《"教育部—专利部门—地方教育行政部门"共同开展创业体验·发明教育活性化方案》等政策，积极推进创业体验教育，开设职业体验巴士、职业生涯远程视频咨询、大学职业夏令营等职业生涯体验项目，在实践中大力推行职业生涯教育。

韩国政府通过制定和修改《职业生涯教育法》（2015年）及《职业生涯教育施行令》（2018年）等法律制度，基本构筑了中小学及大学的"职业生涯教育政策支援体系"。目前韩国的职业启蒙教育主要分为职业生涯学期制、高中学分制、机构体验认证制、职业生涯专职导师制、职业体验项目等，如职业体验是在模拟真实的职业情境下让学生进行体验的，从而增强劳动观念、优化生涯规划、提高综合素质的教育实践活动。韩国政府希望通过职业体验巴士、远程视频职业咨询、地区特色体验活动、大学职业探索营等多种项目，为学生增加职业体验机会，让他们自主探索未来的职业道路。

二、国内职业启蒙教育发展脉络

1. 萌芽期（20世纪初）：职业指导

1916年，清华大学校长周寄梅先生始创职业指导，我国最早倡导职业指导的社会团体是中华职业教育社。首任中华职业学校校长顾树森倡导在小学进行职业陶冶，设立职业指导组织，引进职业心理测试。1922年11月，随着"壬戌学制"对职业教育地位的确立，职业指导的发展也随之兴起。国内各中学积极开展职业指导实践，如上海光华大学附属中学制定多种与职业指导相关的测验方法和调查表格；上海浦东中学开设职业指导课程；福建各个中学填写择业志愿表等。涌现出了一大批职业指导和职业陶冶的研究，如邹恩润《职业指导》、潘文安和孙祖城的《女子职业指导》、杨鄂联等人编译的《小学职业陶冶》等，虽然这个时期尚未提及职业启蒙教育，但职业指导、劳动教育、职业陶冶等在内涵、教学目标、内容、实施方式等方面存在职业启蒙之意，该阶段的职业启蒙教育可以界定为职业陶冶、职业熏陶和职业意识渗透，关注涵养学生的职业知识与道德。

2. 成型期：劳动教育

1950年中国教育工会第一次全国代表大会关于教育与生产劳动相结合的讨论标志着"中国社会体力劳动与脑力劳动分裂对立的现象开始走向体力劳动与脑力劳动的结合与统一的方向"（中央教育科学研究所）。1954年出台《关于高小和初中毕业生从事生产劳动的宣传提纲》提到教育与生产劳动相结合，中小学生参与工农劳动、学习生产技术就此开展。1981年《全日制六年制重点中学教学计划试行草案》和《全日制五年制中学教学计划试行草案的修订意见》提出开设劳动技术课、职业技术教育课的要求，1987年出台《全日制普通中学劳动技术课教学大纲（试行稿）》对中学阶段劳动教育进行规范。劳动教育是职业启蒙教育的基础，职业启蒙教育是专业化的劳动教育，劳动教育与职业启蒙教育存在着交叉重叠的内涵。

3.发展期：职业启蒙教育

2005 年，《上海市闸北区人民政府关于批转区教育局、区劳动局〈闸北区人民政府关于大力推进职业教育和职业培训工作的若干意见〉的通知》指出中小学进行职业启蒙教育。随后，需要地区文件中都提及了职业启蒙教育。南昌市举办"寻访红色足迹"暨首届中学生"职业教育体验日"活动，将红色教育与学生职业启蒙教育紧密结合起来。到了2017 年，职业启蒙教育上升到了国家层面，国务院印发的《国家教育事业发展"十三五"规划》中提到"职业启蒙教育"。随后，国家和地方出台了一系列政策文件，要求推进职业启蒙教育，相关实践活动也开展得如火如荼，各类职业体验中学相继建立，2022年新修订的《中华人民共和国职业教育法》出台，将职业启蒙教育以法律形式确定下来，职业启蒙教育进入高速发展时期。

发达国家职业启蒙教育经验启示

对发达国家关于职业启蒙教育开展的相关研究进行整理，并梳理各个发达国家的政策情况与实施措施，为我国职业启蒙教育的开展提供了理论和实践依据。

一、发达国家职业启蒙教育的经验特点

通过以上对发达国家职业启蒙教育发展脉络分析发现其中含许多可借鉴的经验，主要体现在以下三个方面：职业启蒙教育政策规划明确、职业启蒙教育实施途径多样、职业启蒙教育师资队伍专业。

1.职业启蒙教育政策规划明确

1974年美国颁布第一部《生计教育法》规定职业启蒙教育为职业生涯教育中的起步任务。在20世纪80年代通过国会立法专门成立了"国家职业信息协调委员会"（NOICC）并制定发布《国家职业生涯发展指导方针》，对于实施职业启蒙教育目标以及内容做出了明确的要求。美国的职业教育政策不再仅专注技术服务，也为就业和继续学业深造做双重准备，生涯教育改革风生水起，其中《2006年卡尔·珀金斯生涯与技术教育改进法》明确提出用"生涯与技术教育"取代"职业与技术教育"。2012年美国联邦教育部颁布《投资美国未来：生涯和技术教育改革蓝图》要求持续关注学生的职业生涯发展。得益于美国政府对高校学生就业的重视、美国高校对学生事务的关注以及美国职业指导理论的相对完善，在学生职业指导方面，以卡内基梅隆大学为代表的诸多美国高校紧紧围绕学生，以学生为本，聚焦于学生自我，落实于个体发展的多层多面，切实地为学生职业生涯发展而开展相关的事务性工作。2006年颁布《生涯和技术教育法》形成了完整的

生涯教育体系。

1999 年日本首次正式使用"生涯教育"，也把职业生涯教育列入学校计划中并以教学大纲的形式呈现。2002 年日本国立教育政策研究所中小学指导研究中心明确了中小学的劳动观、职业观由四个方面构成。2006 年日本又推出了"职业生涯教育综合计划"，在小学至高中的全部学校中推进职业体验和实习活动。在一系列政策方案的推动下，日本的职业生涯教育超越了以就业性为目的的范畴，形成了一个促进学生完美人格发展的教育体系。

1988 年开始英国开始实施国家职业资格和普通国家职业资格制度，1997 年英国颁布《教育法》对生涯教育与指导做出了规定。2000 年英国教育与就业部颁布《新课程中的生涯发展教育》明确规定了生涯教育的具体目标：自我发展、生涯探索和生涯管理。2003 年英国教育与技能部制定的《全国 11~19 岁生涯教育与指导框架》，不仅包含生涯教育目标，还补充了生涯教育的具体内容、活动方式和生涯实施实例，为学校的生涯教育实施提供标准和参照。2009 年英国政府推出了一项职业指导计划，强调职业生涯教育是学校教育的一部分，规定最迟在中学二年级开始实施。2012 年英国生涯教育与指导协会制定《生涯教育与工作相关教育框架》，进一步规定了生涯教育的实施内容和理论依据。

1999 年加拿大安大略省教育部颁布《9、10 年级职业生涯教育与指导》，2000 年出台《11、12 年级职业生涯教育与指导》，2004 年补充出台《10、12 年级职业生涯教育与指导开放课程（草案）》。《职业生涯教育与指导》在安大略省的中学课程中处于"核心地位"。国外发达国家通过职业教育法律政策的颁布，明确了职业教育贯穿人的一生，不同程度地改善了学习与就业的状况，对于我国当今的教育改革仍具有借鉴意义。

2.职业启蒙教育实施途径多样

（1）多元的课程类型。

课程是一切教育计划的根本保证。著名生涯理论学者舒伯认为，"生涯发展课程是促进学生生涯发展的最适宜方式"。所以将生涯发展概念纳入现在的学校课程中，被认为是一条最佳路径，生涯发展教育不应只是在传统的课程外增加一个额外的科目或单元，而是应该将生涯发展的理念融入现有的课程中。各发达国家也将课程作为发展职业启蒙最直接、最有效的方法。

美国职业生涯指导具有系统的课程体系，包括生涯教育课程、生涯相关的学术课程、特殊生涯指导课程。英国的职业启蒙教育课程开设与美国类似。日本在中小学开展包括道德课、儿童会、勤劳体验活动等"特别活动课"，在高中阶段还开展与职业相关的主题活动以及最具特色的"产业社会和人"课程。学校希望通过这门课程的开设，使学生不仅初步认知职业，也能从宏观了解企业开展实况，从而帮助个体思考探索未来的职业发展和人生道路。

（2）多样的实践活动。

各国积极开展职业启蒙实践活动，让学生走出校门、走进社会，包括职业参观和职业实践等多种实践形式。职业参观可以是带领学生到各行各业的办公场所、生产一线及大学校园等实地参观调研，学生可以对感兴趣的专业进行访谈记录，回到学校进行讨论总结；而让学生走上工作岗位体验真实的工作环境和工作内容就是职业实践。如英国每个社区均建有青少年实习培训中心，学生可以在培训中心进行技能培训，培训合格后可根据自己的能力和兴趣申请政府和企业为其提供实习岗位，这些职业实习经验都是被认可的。日本将职场体验活动作为促进职业启蒙教育的重要手段，日本政府、企业、社会、家长都重视职场体验活动，相互支持、配合，形成了小学以参观为主、中学以职场体验为主、高中以职场见习为主的各级活动的层次递进体系。

（3）直观的模拟演练。

职业启蒙活动强调必须面向全体学生普及，该方式是职业启蒙教育，而不是职业培训，通过让学生熟悉生产和工作的主要特征，传授给学生技术、经济及社会政治领域的见识、知识和能力，为学生将来进入职场打下基础。针对小学生年龄较小具有职业实践危险系数较高的特点，职业启蒙实践活动还可以采取模拟演练的方式，即为学生制造一个近乎真实的虚拟情境，让学生在没有危险和限制较少的情况下亲身体验，促进职业认知。

美国加利福尼亚州圣弗朗西斯科东部独立校区，将教室变成工作场所设有校内商店，孩子通过在学校良好表现获得的玩具钞票从商店购买商品，商品是与学习或职业生涯有关的图书、玩具和游戏。加拿大中小学校设有木工车间、缝纫车间、烹调厨房、油漆车间、制陶车间等，以学分形式规定学生在中学毕业前至少要掌握两门职业技术，为将来升学或就业做准备。德国小学安排有手工劳动课，包括纸工、编织、木工、陶器等；中学的操作课分为必修课和选修课，必修课的内容包括：办公技术、制图、打字、财会、销售；选修课的内容有：缝纫、家政、电子、木工以及电器类、护理类、商业类和管理类等。

（4）丰富的生涯咨询。

职业生涯咨询中心不仅配有专门的办公场地、专业的生涯咨询人员以及大量的职业启蒙资料，还积极开发生涯咨询网络系统，依靠计算机技术，对有需要的学生进行学业、生活、职业规划方面的咨询或辅导。

职业生涯讲座可以根据不同地区的职业分布，各学校因地制宜。组织学生到高年级的校园聆听专业兴趣讲座；不定期邀请各行各业的著名人士、学生家长走进学校，给学生做职业介绍并回答学生疑问；定期举办教育部主导的职业前景讲座。

职业生涯教育网站及职业兴趣分析测试。学生通过网络可以获取大量生涯信息，通过在线提供的各种测验有针对性地了解自我。

发达国家的职业启蒙教育在政策和实践两个方面互相配合，发展体系完善，落实了职业生涯教育基础阶段的任务。

3.职业启蒙教育师资队伍专业

教师在教学中起着主导作用，教师的专业化程度客观上决定了教育质量的高低。加强中小学生劳动和职业启蒙教育教师的职前培养，聘请具有相关职业背景和丰富实践经验的能工巧匠、专业技术人员、学生家长担任兼职教师。美国对于职业启蒙教师的专业程度方面要求较高，除了学历程度要高，还要持有相关的资格证书，通过考试达标才能进行相关工作。将职业启蒙教师培养地更为专业化，教师要具备更加开阔的职业启蒙思维，给予学生专业的职业启蒙教学安排设计，便于学生对职业启蒙有初步的了解。

二、发达国家职业启蒙教育对我国的启示

1.加强宏观政策规划，宣传职业启蒙教育理念

任何新思想的引入均可能会引起人们产生怀疑、抗拒的心理，发展职业启蒙教育，首先要破除人们传统观念的阻碍。基础教育长期以来主要侧重于学科知识的传授，忽视学生职业认同和其他能力的培养。学生对知识的认识不应该局限于

对已知的知识的认识，还要包括用来对未来进行创造的知识和未来知识，学生也要正确认识职业的划分，社会各层职业都应得到尊重。

结合我国实际情况，教育部出台职业启蒙教育文件是最有效的方式；通过新媒体进行宣传职业启蒙教育来强调其重要性；中小学校成立专门的职业启蒙教育平台，经常组织学生家长参与学校教育活动中；社会工商企业界积极为中小学生提供职业参观和职业实习机会；成立专业的职业启蒙机构。例如，英国的联结组织（Connexions）、学习引领（Learn Direct）及附属工作中心（Jobcentre Plus）等，机构主要以服务的形式提供广泛的信息、理性的忠告、正确的指导。我们应该认识到家庭教育的重要性，当前阶段应该帮助家长树立职业启蒙教育理念，充分发挥家庭教育的作用。学校或社会也可以举办职业启蒙教育讲座或职业交流活动，鼓励家长和孩子参加，免费提供职业启蒙教育资料，宣传职业启蒙教育的理念、意义及做法。家长在与孩子的日常交往中，要有意识地给孩子普及职业知识，如可以讲解自己的职业类型、该职业所需要的能力、发展前景以及耐心回答孩子们感兴趣的问题，培养孩子广泛的爱好和广博的知识面，帮助他们探索未来、计划未来。

2.依托现有学科课程，强化职业启蒙要素渗透

我国目前的学校课程体系是在过去若干年不断建设及改革经验基础上逐步发展和完善起来的。在我国中小学生由于课业任务重、升学压力大，最有效的强化方式就是在以学科体系为主的普通教育课程中润物细无声地进行职业启蒙要素渗透。深入挖掘课程体系中与职业启蒙有关的素材，在保证学术质量的前提下，将职业分类、职业性质、职业要求等知识渗透到学科课程中。

第一步是先确立与职业启蒙教育相关的课程目标，其目标必须与我国基础教育阶段的教育目的和培养目标一致，这是最基本的要求。

第二步是进行重构课程内容、明确课程目标，制定详细的课程渗透流程，确保每一个细小的目标得以实现，才能保证职业启蒙教育最终目标的实现。

第三步是组织学习积累经验，根据学生的年龄阶段和身心特点，有计划、有步骤地进行课程教学，同时在注重学生已有经验的基础上，启发学生的"最近发展区"，进行更深入的渗透。

第四步是做好效果反馈，反馈可在班级例会中呈现，学生可以通过课堂中聆

听到的和课后搜集的职业相关资料，在班会中自由表达、讨论、反思，也可以制作主题海报、黑板报等加深职业认知。

不同年级不同阶段的职业启蒙渗透应依据个体认知水平和职业了解、群体交往情况以及职业探索、能力培养和职业管理的深度层层递进、循环上升。将职业启蒙教育的因素融入学校课程体系，贯穿中小学教育的各个方面和全过程，从而使职业启蒙成为教育的内在组成部分而不是外加任务。以课程为基础的职业启蒙教育，使处于学校中心地位的学术课程成为职业启蒙教育实施的主要途径，非常适合当下的中国国情，有助于学生全面掌握与职业启蒙教育相关的知识和技能。

3.巧用综合实践活动，拓宽职业体验认知路径

职业启蒙教育的实施不应局限于书本知识的传授，要包容和吸纳丰富多彩的经济社会生活内容，应当创造机会与条件，让学生们能够通过职业启蒙教育认识和了解许多个真实的工作岗位。学校要加强与当地的政府、工商企业、公益组织的联系，让他们认识到职业启蒙教育是为社会为企业输送人才的有效手段。2001年《基础教育课程改革纲要（试行）》中规定："从小学至高中开设综合实践活动并作为必修课程，每周平均课时，其内容主要包括：信息技术教育、研究性学习、社区服务与社会实践以及劳动与技术教育。"有学者认为，综合实践活动可以作为实施职业启蒙教育的课外拓展活动的方式，改变过去仅以服务社会为主要内容的体验活动。这与过去的课程相比，无疑有了很大进步，但大多数地区综合实践活动的开展往往流于形式，它被推迟在寒暑假由学生自主进行，只要求在学期初上交一份实践报告就结束了。2016年《制造业人才发展规划指南》中指出"普通中小学要在实践活动课程、通用技术课程中加强制造业基础知识、能力和观念的启蒙和培养"。在职业启蒙角度上，综合实践活动是与学科课程具有等值性，有着自己独特教育功能的教育形态。学生在教师的引导下，以调查访问、服务、实践等多样化的形式亲身体验。如小学阶段，学校可以开展职业模拟体验活动和统一组织学生去企业参观、访谈；中学阶段，学校可以开展岗位体验活动，组织学生利用假期自愿进入企业实习，还可以参加企业或高等院校的夏令营活动。此外学校要努力创造条件，邀请各领域的专家或大学生进入中小学校开展职业介绍和职业咨询活动。以实践为基础的教学能够提高学生的学习兴趣和活

动参与度，学生在亲身体验中认识劳动的意义，了解职业分类、职业与生活的关系、学习与工作的关系，是促进学生未来发展的重要途径。教育不是培训，要实现人尽其才，就必须尽早进行职业启蒙，尊重学生的意愿，鼓励和帮助学生认识自我，找到适合自己的学习目标和人生发展规划，培养他们对社会的责任意识和奉献精神。

4.构建职业启蒙教育体系，实施多形式生涯教育课程

政府需要制订纲领性的顶层设计方案，明确在职业启蒙教育实施过程中国家、地方、学校等各个环节需要承担的责任，从教育纲要、目标体系、课程设计、评价机制等方面出台相应的指导意见。中小学学校应提高对学生职业启蒙教育的重视程度，加强专业化的师资引进与培养。加强校企合作，带领学生体验职业生活，同时支持高校研究人员开展相关研究，提高生涯教育的科学化水平。社区和家长也应借助自身资源为学生提供生涯发展方面的指导。通过构建多位一体的生涯教育支持体系，促进多方合作，聚集各方力量，全方位推动我国生涯教育体系科学发展。

发达国家职业启蒙教育发展实践研究为之后我国的研究提供了有力借鉴。"随风潜入夜，润物细无声"，教育是细水长流，职业启蒙教育是一项宏大的工程，不可能在一朝一夕建成，但我们应该让全社会都认识到它的重要性，通过研究发达国家的生涯教育，在借鉴他们经验的同时，回归本土，在现实的教育体制下寻找切实可行的方案。相信在不断的实践探索中，适合我国的职业启蒙教育体系终会建立。

第三节　职业启蒙教育的现实困境及成因分析

一、青少年职业启蒙教育实施现状分析

国内研究学者对青少年职业启蒙教育实施现状的主要研究集中在实施主体、实施途径、实施资源三个方面。

1. 实施主体方面

景宏华等学者提出我国职业启蒙教育处于起步阶段，学校部分教师具备主动关注职业启蒙教育的自觉性，但大部分教师对职业启蒙教育的综合性、实践性及多样性的特征认识不够，了解较为片面，难以满足学生职业启蒙教育的需求。李欣悦对小学阶段职业启蒙教育师资进行了研究，认为我国没有专门的职业启蒙教育师资队伍。虽然有些中小学有专职的生涯教育师资，但一般是由德育科等单位"兼任"，而全科的老师对职业启蒙教育的概念处于"零了解"。关晶、石伟平等学者指出我国现行的职业教育教学模式仍有很多缺陷，如基础教育阶段对职业启蒙教育没有明确的计划与设计，教师的职业启蒙教育唤醒意识和教学技能的培养缺乏，这样零星的职业启蒙教育较危险。

2. 实施途径方面

我国对职业启蒙教育探索的路径尚未建构成系统化的职业启蒙教育理论体系，导致职业启蒙教育在实施过程中的碎片化现象。目前学校的主要精力仍然放在提高学生的知识层次，重视专业技能的培养，而忽略了职业的启蒙。陈鹏等学者指出当前一些小学阶段实施职业启蒙教育的途径主要是课堂讲授，课堂授课形式较为单调，而且进行职业启蒙教育渗透大部分都是在课堂上进行，而在其他学

49

科方面涉及不多，老师认为在教室里传授的职业启蒙教育已经足够。他还提出目前我国的初等教育中虽然也有一些具有象征意义的职业生涯课，但均没有清晰的课程规划和设计，所以学生在学校所接受的职业启蒙教育熏陶是比较片面的，甚至有时候起反作用。

3.实施资源方面

吴楠等学者认为目前我国大部分地区小学阶段的职业启蒙教育资源都是基于高校"物理资源"的共享，数字资源和其他网络平台的深度协作比较缺乏，并未实现真正的资源开放共享。邵文琪、王刚等学者认为不同地区的政治、经济发展程度不同，职业启蒙教育资源的聚集与分配程度也不同，而且职业启蒙教育基地本身的研究环境十分有限，缺乏专业的研究人才和高层次的研究队伍。我国职业启蒙教育机构与中小学之间的协作机制存在缺陷，有诸多的影响因素，致使职业启蒙教育的效果不够好，很多实践活动只能停留在表面，无法真正落实。

目前对职业启蒙教育领域缺乏深入的理论探究和实践探索，以期刊为主要的学术成果居多，主要论述职业启蒙教育的价值意蕴和经验借鉴及课程的构建，具有比较好的借鉴意义，为未来的研究者对青少年职业启蒙教育的研究具有较大的启发意义。

二、青少年职业启蒙教育实践模式情况

我国青少年职业启蒙教育实践模式多种多样，目前主要由独立运营模式、联合开发模式、研学旅行模式、社会化特色资源利用模式、劳动教育模式、职业探究模式、岗位实践锻炼模式、树立理想职业规划模式等多种模式，下面分别以实际案例来讲解。

【模式1】独立运营模式（案例："嘟嘟城"寓教于乐）

"嘟嘟城"为一种独立运营模式的少儿社会体验馆，它是青少年教育发展基地，它的建筑、设施、设备是按照一定比例建设的，符合少年儿童活动场所的适用性与安全性的需要，将职业启蒙教育融于活动中，活动主要面向4~12岁的少年儿童。在嘟嘟城里的社会机构设置了50多个体验项目，共计100多种职业和角色。在安全互动的环境中尝试各项工作，体验真实的社会活动，结合各种服装造

型来体验护士、医生、警察、烘焙师、研发师、发型设计师、空姐、茶艺师、消防员、宇航员、考古学家、记者、机长、主播、驾驶员、建筑工人等角色，小朋友穿工作衣、听老师教学、自己动手做、拿成品和工资等一系列的独立活动让孩子能够充分地体验自主动手的快乐和成就感，也可以理解通过劳动取得报酬的生存道理，为未来的健康成长和职业发展打下良好的基础。

"Towork"社会课程体验馆是蓝天城引进芬兰的"Me & My City"（我和我的城市）项目，打造深度的社会职业体验课程，为小学生的职业生涯教育开创了新的途径。"Towork"社会课程体验馆单场馆占地600~800 m^2，年接待学生可达2万~3万人次，结合中国教学大纲，以经济、社会、职业和创业四大主题来培养学生社会职业技能，设置市政府、电力公司、超市、餐厅、牙科诊所不同社会机构的不同职业岗位，帮助学生提前了解社会、经济、企业的相互关系，通过真实的体验获得未来从业必备的社会工作技能，学会聆听、时间管理、人际沟通、团队合作等方法。

【模式2】联合开发模式（案例："汽车"反哺教育）

联合开发模式源自利用区域高职院校资源进行联合开发的实践类活动项目，内容适合青少年。联合开发模式侧重引导学生通过不同活动了解更多的职业，让青少年在实践类活动中锤炼品质、学习技能，培养精益求精、一丝不苟的工匠精神。"项目化、走班制、学期课时集中使用"是联合开发模式的主要特征。例如"汽车"反哺教育课程实施中涉及的主体有职业院校教师和中小学幼儿园学生，活动中大家各司其职、任务明确。职业院校教师主要负责组织和讲解知识，承担传授汽车新技术新科技的任务；学生通过参与"反哺"教育活动认知汽车的品牌和关键零部件，制作汽车模型，了解汽车新技术，体验科技劳动的艰辛，在"反哺"实践活动过程中融入工匠精神的培养，提升了团队协作能力和沟通表达能力，彰显了学生的凝聚力。

【模式3】研学旅行模式（案例：安昌古镇非遗研学游）

研学旅行模式是一种自主研学、以研定游、以游促学的职业体验新模式，将非物质文化遗产与研学旅行结合起来，既可促进非遗的保护与传承，又可发挥非遗与研学旅行的育人价值。非遗保留着传统文化的原生状态、延续着民族的生命记忆、蕴藏着民族文化根源，在情感、思想、文化层面有着独特的育人价值。研学旅行是一种创新的游学方式，继承和发展了我国传统的"读万卷书，行万里路"的教育理念和人文精神，成为素质教育的新内容和新方式。非遗项目研学旅行课程是一种以实践、体验的方式达到综合育人目标的规范化课程。在安昌古镇非遗研学游活动中包括水乡社戏、传统酱油制作、扯白糖技艺、绍兴圆木制作技艺、师爷故事、安昌腊肠。如通过对水乡社戏有了初步认识，学唱越剧，乘乌篷船唱戏游览安昌古镇，于风景中感知历史；参观仁昌酱园，了解它的百年历史，学习传统酱油的制作过程，感知传承的魅力；观看扯白糖制作过程，了解扯白糖背后的故事，体验制作扯白糖，用亲身经历感知非遗文化，品尝扯白糖，体验最朴实的滋味；观摩箍桶手工艺，体验匠心精神，了解"十里红妆"故事，学习箍桶技艺价值；参观师爷馆，了解安昌师爷文化，穿上师爷的服饰，现场体验一把师爷的生活；参观安昌香肠基地，体验腊肠制作过程，品尝安昌腊肠，感知舌尖滋味，欣赏安昌老街香肠售卖场景，感受腊肠文化。通过非遗研学，让学生于理论教学中掌握不同区域的文化特色，于实践教学中提升自己的动手能力，加强自身对非遗等传统文化的理解与认同，唤醒保护、传承非遗等传统文化的责任感与使命感。

【模式4】社会化特色资源利用模式（案例："康师傅"梦想探索乐园）

社会化特色资源利用模式主要通过社会公共资源利用、机构自建项目、主题公园、企业体验馆等途径开发的职业体验类项目。实施年级或实施对象可以根据项目设计特征或体验类项目的难易程度确定。职业体验类项目侧重让学生通过玩中学、学中悟、角色扮演等，了解生活中常见的职业，体验不同职业的基本工作与特点，培养学生对待他人的态度、认真做事的习惯、为他人服务的能力。例如，"康师傅"梦想探索乐园是在杭州下沙专为5~13岁青少年打造的亲子工厂体验乐园，也是充分利用社会化特色资源建的一个极富童话色彩的一个主题工厂，主场馆由大厅、剧场、互动游戏区、美味体验区构成，外形可爱的康师傅美味专列，全园利用最先进的网络和视觉娱乐技术创造出一个极富童话色彩的神奇世界。通过参观、游戏、学习、品尝，体验康师傅方便面的品牌理念和企业文化，引发青少年主动探索并分享其中的乐趣。

【模式5】劳动教育模式（案例：下农田进果园）

劳动教育新模式是一种学农职业体验模式。临海1.4万名学生每年都要到临海市中小学素质教育实践学校接受一周劳动教育，下农田进果园，住集体宿舍，参与农业劳作、五金制作、糕点烘焙、泥塑制作等16个项目，劳动成为开学第一课。通过青少年下农田进果园，与工作人员互动交流、"沉浸式"体验，以田间地头为课堂、以农业技术为教材，在实践中增长见识、收获快乐。学校将尝试把农耕课程与烹饪课程结合，让学生既能体会劳作的艰辛，又能感受到收获的喜悦，将"知"与"行"合二为一，成为行走的"课堂"。在"劳动教育进课堂"的基础上，积极探索"劳动教育进生活"，支持鼓励各中小学校因地制宜，加快推进劳动实践基地建设，融合本地资源、挖掘本土优势，开展个性化、常态化、生活化的劳动教育活动。

【模式6】职业探究模式（案例：跟着爸妈去上班）

职业探究模式结合家庭成员工作单位及职业岗位而设计。实施年级选择的是中小学年段，为了兼顾时间安排的合理性，在节假日、寒暑假等时间进行社会实践类内容安排。职业探究模式在于让中小学生了解家长的职业特征，"任务单导学、现场跟踪观察"是该课程的主要特点，理解做好每一件事都需要付出努力和汗水的道理，感悟敬业爱岗的工作精神。例如，跟着爸妈去上班：该项活动主要任务是了解爸妈的工作单位、职业性质、岗位要求以及对待工作的态度。通过参与这项活动，让中小学生对各行业的普通劳动者增添一份特殊的亲近感和认同感，明白"劳动不分贵贱"的道理，对相关行业的发展现状、工作特点有所认识，对从业者所具备的核心品质与关键能力有初步的了解，对自身的职业兴趣、能力、特长有基本的判断，从而为规划自我职业方向奠定良好的基础，对家长的工作辛劳与压力有感同深受地体会，进而学会体谅父母、感恩父母。

【模式7】岗位实践锻炼模式（案例：我的岗位我负责）

岗位实践锻炼模式旨在让青少年在服务岗位上体验，培养坚守岗位、认真负责的责任心，树立爱岗敬业的高尚职业情操，在小岗位上体验职业特征及岗位设置的重要性。在活动实施中尤其强调每个学生有相对固定的工作岗位，明确自己的岗位职责，服务他人、坚守岗位、认真做事是基本准则。在校园里教师实施日常督查与管理，帮助学生不断提升劳动技能和工作态度。可以依据工作态度及岗位服务质量进行自评和同伴互评。例如做一名"校园小小早餐监督员"，不允许带早餐进教学楼、教室，早餐监督员在教学楼门口、教室门口监督不允许学生带早餐进教室，做到我的岗位我负责，在校园内选择岗位进行实践锻炼。在职业体验活动中，"小小消防员"让孩子们充分了解到消防员职责主要有消灭火灾、抢险救灾、消防安全设施稽查与消防安全知识宣传等，"小小建筑师"让孩子们体验了建筑工人的辛苦，要做一个勤劳实干的好孩子。孩子们通过模仿体验不同的职业，懂得了各行各业的职责和他们工作的不易。而T台秀则为孩子们提供了一个秀出自我的舞台，让孩子们一个个勇于表现自我，把自己最好的一面展示出来，不仅收获了掌声，还增强了自信。在活动中，低年级的孩子们在实践中增强了动手能力，强化了团队意识，收获了不一样的生活体验。

【模式8】树立理想职业规划模式（案例：我想当一名教师）

树立理想职业规划模式旨在依托职业理想教育，激发学生积极向上正能量的生长，并通过对职业的深度了解，剖析职业特征和社会贡献，理解职业不分高低、能创造社会价值的就是社会需要的职业。"兴趣选择—理解职业—畅谈理想—规划自我"是该项目的主要特点。课程实施一般分为六步：激趣导入、引出需求—围绕兴趣、选择职业—引导探究、了解职业—梳理归纳、整理特点—分析理解、树立理想—初步规划、确立目标。例如"我想当一名教师"，青少年在日常读书过程中关注教师这个职业，可以向自己的教师请教如何成为一名教师，并树立职业理想和制定详细的职业生涯规划，如考入本科、读研究生、考普通话、考教师资格证等，在每个阶段都有所收获，为自己的职业理想而努力奋斗。

三、青少年职业启蒙教育存在的问题剖析

通过对大量文献的查阅和调研数据，我们将青少年职业启蒙教育存在的问题归纳为以下四个层面并进行剖析。

1.国家层面缺乏政策导向，实施资源受限，缺少社会宣传

（1）缺乏政策导向。

与很多发达国家对比，我国职业启蒙教育的政策支持还很欠缺。美国国会1974年通过的《生计教育法》是其历史上第一个体现出职业启蒙思想的生涯教育法案，1989年颁布的《国家职业发展指导方针》更是将小学阶段的职业启蒙教育

提升到更加重要的位置。而我国缺少职业启蒙教育政策性文件导向，职业启蒙教育的开展情况不容乐观。

（2）实施资源有限。

职业启蒙教育资源共享空间发展不均衡，物质环境缺乏保障导致职业启蒙教育资源环境建设存在不足，有些区域发展水平较高且具备良好职业启蒙教育资源平台。

（3）缺少社会宣传。

在社会上缺少对职业启蒙教育的宣传导致人们对它的忽视。如在少儿教育杂志、儿童书籍、少儿影视作品中缺少职业启蒙教育相关的内容，导致少儿缺乏获得职业启蒙教育的机会。

2.学校层面对职业启蒙教育认识比较局限，观念略显滞后

（1）对职业启蒙教育认知模糊，观念略显滞后。

大多数学校领导认为职业启蒙教育应集中在初高中阶段或者在大学阶段开展就业指导课，所以很多学校仅将职业启蒙教育落实在《劳动课》中，对职业启蒙教育的认识比较模糊，尤其是在中小学阶段《劳动课》也经常被其他课程所代替，并没有意识到职业启蒙教育在小学阶段的重要性。

（2）学校缺乏与职业院校及社会组织机构的协作意识，缺乏资源共享的通道和平台。

很多学校迫于升学压力主动组织学生去当地职业体验中心或者职业院校参观并体验的次数一个学期只有一次，而在低年级的时候学校组织去职业体验馆参观时，学生对职业的认知不能得到完整回答，导致其认知得不到强化和引导。

（3）学校教师对职业启蒙教育渗透意识薄弱，专业素养有待提升。

经过初步调研发现多数教师把关注力放在学生学业成绩上，教师对职业的认知更倾向于所谓的稳定，如医生、银行人员、教师等"稳定职业"。根据调查数据得知大多数小学没有专门的职业启蒙教育教师，由于教师本身有自己的教学压力，多数中小学教师更重视学生学业成绩的提升，忽视了学生的全面发展。多数教师不愿意接触职业启蒙教育理念，导致对职业启蒙教育了解相对比较少。虽有学校定期开展职业生涯教育讲座活动，但由于时间和频次有限，形式化倾向严重，教师对职业启蒙教育认识不够深入，渗透意识薄弱。以上综合导致了职业启蒙教育在中小学阶段开展的效率比较低。

3.家庭层面意识薄弱，职业观念陈旧

家庭是社会的细胞，家庭教育是社会职业教育的基础单元。职业启蒙教育对青少年的这一特性，决定了家庭在职业启蒙教育中的特殊地位。家庭环境和父母职业、家庭结构、亲子关系等因素对子女职业发展都会产生重要影响。家长的职业观直接影响孩子对未来职业的规划。如果家长职业观念陈旧，就无法对子女进行良好的职业意识启蒙，很容易让自己陈旧的职业价值观影响子女。事实上，目前我国家庭职业观陈旧的问题依旧普遍存在。

4.学生层面对自我认知不够全面

学生对自己的兴趣、特长、性格和价值观等方面认识不够全面，认为自己不会有做好职业的能力。多数人认为在学校中应该进行知识的学习而非职业相关的学习，因此职业启蒙教育必然受到忽视。在中小学繁重的文化知识学习中，职业启蒙教育更是没有一席之地。部分学生在中小学阶段职业启蒙教育实施仍然是以打扫卫生等体力劳动和岗位安全演练为主，单一化的实施途径使职业启蒙教育实施形式过于窄化，这种活动容易引起学生的厌倦感。应试教育下，学校教育迎合考试内容，而职业启蒙教育既没有相应内容，又缺少评价体系，对学生要求也不甚明确。

四、青少年职业启蒙教育现实困境成因分析

1.政府层面：政策支持不够，财政倾斜力度弱

（1）政策支持力度不够。

2017年，我国颁布了一套关于综合实践活动的文件，明确了全面开展综合实践教学的重要性，将其作为学校的一门必修课，使综合性的实践教学内容实现多样化。与职业启蒙教育相关的政策和文件较为缺乏，据文献研究了解到我国还没有针对职业启蒙教育的课程标准和课程规划等方面的具体规定，也没有出台相应的政策建议，导致学校、社会、家长对职业启蒙教育的了解甚微。职业启蒙教育的开展在小学阶段的落实需要国家政策的有力支持，近年来，我国大力发展职业

启蒙教育，并相继颁布了职业启蒙教育的有关政策。但对于职业启蒙教育的提及只是寥寥几笔，对职业启蒙教育的标准和要求并没有清晰规划，更多是呼吁和倡导的方式。总之，小学阶段与职业相关的实践活动目标较空泛，并没有针对小学各年级所面临的职业启蒙教育目标进行分解，国家教育行政部门没有准确制定具体可行的职业启蒙教育目标，以帮其厘清评价、授课与实践活动中所遇到的困境。

（2）财政支持力度比较小。

由于缺乏足够的人力、设备和场地，无法为小学阶段开展职业启蒙教育提供良好的发展环境，从而影响小学职业启蒙教育开展。无论是从职业院校邀请专业的职业启蒙教育指导老师或聘请相关专家、校外职业体验活动的开展，还是对职业启蒙教育进行学术研究、校本课程的研发都需要充足的财政支持。开展职业启蒙教育的学校因缺乏该方面的财政预算和专项资金而无法开展职业启蒙教育，职业启蒙教育在小学阶段的实施长期处于"边缘化"地位。

2.社会层面：社会舆论导向偏颇，资源协同度较低

（1）社会群体对职业教育存在偏见。

社会群体对小学生的职业启蒙教育受到了阻碍，中小学学生正面临小升初的升学压力，而学科成绩是教师和家长首先关心的问题，他们认为职业启蒙教育不需要专业的引导和启发，对职业启蒙教育存在一定的偏见。

（2）社会组织机构资源缺乏整合。

目前的职业启蒙教育实践活动并不具备充足的教学条件。其原因在于校内外资源共享意识较差，缺乏与社会组织的紧密接触，无法充分发掘区域性人力和物力资源，缺少维持校园与社会的对外关系网络。主要原因是在一定程度上教师和社会之间的相互作用并不紧密，或者与社会处于脱离状态，促使学校不能有效利用区域性社会资源。因此，在全面实施职业启蒙教育的过程中，要突破校园的壁垒，充分借助社会力量。

由于职业启蒙教育实施资源处于去集中化的状态，空间分布不均匀，绝大部分学校对社会资源整合认知较为浅显。长期以来，社会资源共生的主体之间缺少衔接，共生资源主体之间的合作缺少融通。综上所述，学校开展职业启蒙教育需要较完善的硬件设施以及软件环境，缺乏与社会资源共享的平台，导致职业启蒙教育在中小学阶段难以开展。

3.学校层面：教育理念落后，师资力量与评价标准短缺

（1）学校教育管理者教育理念落后。

学校管理层对职业启蒙教育的重要性认识不够，教育理念比较落后，认为职业启蒙教育的开展是一种浪费。并且在访谈中得出大部分教师对职业启蒙教育关注度不高，这与长期接受应试教育有很大的影响，很难从传统的教育理念中脱离。总之，职业启蒙教育的重要性需要学校教育管理者的高度重视，并将职业启蒙教育理念传递给教师和学生。

（2）职业启蒙教育指导教师缺乏。

学校缺乏职业启蒙教育师资研究团队，当下职业启蒙教育教学计划处于杂乱无章的状态，有些职业启蒙教育活动不能很好地满足学生需求，导致大量的职业启蒙教育教学资源浪费。职业启蒙教育的开展应具有其自身的内在逻辑，不同的教育内容要相互交织、相互联系、相互融合，呈螺旋上升式呈现。目前在我国中小学开展的职业启蒙教育活动大多局限于劳动教育或简单在其他学科略有提及，且教学内容不具有科学合理性，这与缺乏专门的职业启蒙研发团队有着密切关系。

（3）职业启蒙教育实施缺少评价标准。

通过调查研究和文献梳理发现大多数学者仅研究欧美发达国家实施职业启蒙教育的价值意蕴及政策制定等理论研究。在我国初级阶段，关于小学阶段职业启蒙教育评价标准的探讨相对较少。因此，导致中小学阶段的职业启蒙教育开展处于一个形式化的状态。另外，小学阶段职业启蒙教育课程体系不完善且没有专门的参考教材，所以在实施评价标准上很难断定。

4.政策方面：缺少法律保护，缺少具体规划，缺少效果评价

（1）政策层次低，缺少相关法律保障。

美国从20世纪70年代开始推行生涯教育，并于1974年通过了第一个生涯教育法案《生计教育法》，职业启蒙教育作为生涯教育的初级阶段以立法的形式得以确定。在《生计教育法》中，职业启蒙教育的理念不仅是被简单地涉及，作为学校教育模式的一部分，代表着职业启蒙教育的"职业了解阶段"被认为是进行后续生涯教育不可或缺的基础，充分体现出美国政府对职业启蒙教育的重视。之后在1989年颁布的《国家职业发展指导方针》中，小学阶段的职业启蒙教育被提

升到更加重要的位置，不仅如此，小学阶段所需要的相关职业能力被视为后续职业能力的基础，得到了更为系统的描述和规划，职业启蒙教育得到更多重视。现阶段，我国应该提高对职业启蒙教育的重视程度，认识到职业启蒙教育不仅是促进职普沟通的一种手段，它能够培养儿童形成职业意识，初步了解各个职业的工作任务和从业要求，探索符合自己兴趣和能力的职业，确立初步的职业目标，为儿童将来的求职和就业打下良好的基础，是进行职业指导和职业教育基础。

（2）政策内容过于笼统，缺少对职业启蒙教育的具体规划。

美国的《生计教育法》和《国家职业发展指导方针》中对职业启蒙教育都有比较详细、具体的表述和规划。如明确职业启蒙教育的对象为1~6年级的小学生，将此阶段定义为职业了解阶段，并且明确了在这一阶段要完成培养儿童的职业意识和自我意识，扩大儿童对职业的了解等具体任务，同时阐明在此阶段完成任务的主要方法为任务教学法。相比之下，我国职业启蒙教育政策内容都过于笼统，没有对职业启蒙教育的具体规划。在我国的相关政策文件中，对职业启蒙教育的表述都是类似于"适时引入、开设职业启蒙、职业发展辅导和职业技术课程""培养学生职业兴趣和职业意识""开展初等职业教育和职业预备教育"这一类口号式呼吁和宏观目标，政策内容十分空泛，缺少对培养对象、培养目标、评价标准等部分的具体阐述和规划。

（3）政策内容缺少对职业启蒙效果评价的规定。

及时、可靠的评价反馈是政策有效实施的重要保障。对于职业启蒙教育政策来说，评价也是政策内容中不可缺失的重要部分。美国的《国家职业发展指导方针》将小学生的相关职业能力具体分为12项，并且每一项能力都对应着一系列不同等级和水平，对职业启蒙效果的评价按不同层次都有细致的规定，表述十分翔实。但是我国目前的相关政策还没有任何关于职业启蒙教育评价的规定，缺少系统的评价标准意味着职业启蒙教育的实践工作无法得到规范、有效的评价，使政策制定方无法及时发现政策存在的问题，也使职业启蒙教育的实践工作无法及时针对不同情况进行改变。

综上所述，我国的职业启蒙教育任重而道远。在今后的工作中必须使学校、企业和家庭三者形成合力，同时吸收国外的成功经验，帮助学生制定良好的职业生涯规划，为今后树立良好的职业道德和职业操守夯实基础。

第 三 章

职业启蒙教育的
实践类型与共同体构建

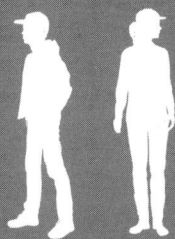

教育部职业教育与成人教育司给出一组数据显示，十年来全国有4500余所职业学校支持中小学开展劳动教育实践和职业启蒙教育，辐射中小学近11万所，参与人次超过1500万。许多职业院校都贡献出学校的资源和优势，积极参与到职业启蒙教育中，同时许多行业企业也开始发挥自身资源优势，服务职业启蒙教育。例如，学大教育和福建省新华技术学校结成长期深度业务战略合作伙伴关系，开展包括共推中小学实施职业启蒙教育、开展终身教育（含青少年）研学活动等在内的职业启蒙教育的深度合作。如今，职业院校、企业等各方发挥优势，多方协同推动职业启蒙教育的深入开展。通过职业启蒙教育，不仅能够引导中小学生体验、理解职业及职业教育，更能为培养未来的高技能人才和大国工匠铺垫基础。然而，职业院校服务职业启蒙教育的现状如何？目前面临哪些亟待解决的问题？如何帮助青少年提前规划他们未来的教育和职业？如何在职业院校参与下建构职业启蒙教育共生体？如何在职业院校参与下拓展职业启蒙教育实践途径？这些都是摆在国家和社会面前的重要课题。

第一节 职业院校特点及所应承担的责任

一、职业院校特征分析

"职业教育与普通教育是两种不同的教育类型，具有同等重要地位。"然而在朴素的认知中，许多人将职业教育视为普通教育的"备选"；在层次上，职业教育常常被人们看作普通教育的下层教育。究其原因，这种认识往往是由职业教育、职业院校的特殊性所引起的。

1.区域性

职业院校的设立，尤其是高等职业院校的设立，往往是依托于地方发展需求展开的。这种需求一般体现在经济、教育民主性等方面。不同区域设立的职业院校，其教育目标、教学方式、教学重点都存在显著的差异性。高等职业院校因大工业新型人才需求而诞生。其开端即具有鲜明的地方属性。

（1）专业设置角度。

职业院校的区域性影响了不同地区职业院校的主流专业设置。我国地域辽阔，国土面积横跨较大，南北方、东西方发展差异明显。在地理位置层面，不同的地理位置造成了不同的区域发展重心不同，例如我国东部地区沿海城市，水产品养殖及加工技术是当地职业院校的重点发展专业，而我国西南内陆地区，农业经济、烟草经济的发展促使农业相关专业成为当地职业院校的重心；在历史因素层面，不同的历史进程也同样是职业院校发展重心有所区别的重要影响因素，我国东北部区域曾是国家重工业基地，相应地区的部分职业院校至今仍有重工业相关的专业设置，而其他区域的职业院校则少有类似专业开设，以轻工业为主。因此，职业院校区域性是其非常重要的一个特征。

（2）人才培养目标角度。

不同区域的职业院校的人才培养目标不同。以当前时代而言，互联网时代的冲击对于我国经济发展较快的地区冲击较大。北上广深杭等区域在互联网产业中走在了全国的前列，腾讯、网易、阿里巴巴等互联网企业大多都以这些地区为主阵地，由此引发该类区域中的职业院校的人才培养目标朝互联网从业人员倾斜；而经济发展较慢的区域如西南、西北地区，仍以农业经济、旅游经济为支柱产业，故而该类地区中职业院校的人才培养目标依旧以培养农业人才为主。

（3）就业出路角度。

职业院校的学生往往倾向于在本区域就业。区域对专业设置的偏重、人才培养目标的倾斜都是影响学生就业去向的重要影响因素。学生在职业院校中受到的职业教育往往与本地区的经济、文化发展方向具有一定的重合度，因此离开本地区就业，就业难度有明显上升。自2020年新冠肺炎疫情伊始，各行业受疫情的影响，学生就业压力陡增，同时伴随各地职业院校招生人数增多，职业院校学生就业情况不容乐观。离开本地区就业，学生家庭以及学生自己积累下来的就业优势消失，择业难度将会受到进一步提升，因此职业院校的区域性也同样影响学生的就业出路。

2.*层次性*

经历多年发展，我国职业教育形成了三层次多类型的结构体系，职业院校也相应地具有三层次多类型结构体系。所谓三层次，指的是初等职业中学（初等职业教育）、中等职业学校（中等职业教育）以及高等职业学校（高等职业教育）。多类型则指每一层次职业院校均有多种不同的办学形态。

当下的义务教育是包括初等职业教育这个组成部分的，而初等职业教育主要是各地的职业初中来实施完成的。职业初中的招收对象一部分是小学毕业生或者没有学历，文化程度相当于小学的人员。职业初中一般学制三年或四年，在教学中，会在教授初中文化课程的同时，开设一些各个专业相关的职业技术课程和劳动课程，这样的教学模式使职业初中毕业的学生学习到一技之长，在就业的过程中有相关专业经验的优势。目前，这种类型的学校主要在欠发达边远山区或者农村地区设置。随着我国经济发展程度越来越高，初等职业教育也转型为基础的或入门的职业培训。职业初中作为三层次中层次最低的职业院校，其办学结构单一，且随着我国经济不断发展，义务教育普及程度提升以及人口素质提高，初等职业中学办学规模逐渐萎缩。根据教育部数据显示，截至2020年6月，我国职业初中仅有11所，教职工410人，专任教师357人。

我国开展中等职业教育的主要场所、机构和类型与发达国家有所不同。我国中等职业教育的主要场所是中等职业学校；实施中等职业教育的机构主要有四种类型，分别是普通中专、成人中专、职业高中以及技工学校。与职业初中不同，中等职业学校数量远大于职业初中。2021年8月，教育部在官网上公布了《2020年全国教育事业发展统计公报》，截至2020年年底，我国中等职业教育学校有9896所，比2019年减少了182所学校。中等职业学校招生有644.66万人，比2019年增加了44.30万人，增长率为7.38%，中等职业学校招生数占高中阶段教育招生总数的42.38%。

三个层次中，办学结构最为复杂多样的是高等职业院校。清末的"壬寅学制"中的"高等实业学堂"和"高等师范学堂"是现代意义上最早的高等职业院校。随着我国教育水平的大力发展，人民知识能力的普遍提高，高等职业院校（包括专科和本科）逐渐受到青睐，越来越多的学生不再选择入学读职业初中或中等职业学校，而是选择各高职院校接受专业技能教育，为自己增添就业的筹码。作为我国高教事业中的重要形式，高职教育在政府指导下确立了培养高级应用型人才的教育目标，更加强调"知是行之始，行为知之成"的"知行合一"目标。与此同时，高职院校与社会企业的联系更为紧密，在高职院校中毕业的学生有较大的升职空间。

3. 前瞻性

职业教育的前瞻性指的是职业院校在办学规模、专业设置、学校管理等方面具有的提前布局能力。经济水平的发展、社会趋势的变动，在职业院校中都会有所反应。职业教育的人才培养最终指向于满足劳动力市场需求，因此以市场为导向的职业教育人才培养模式必须具备前瞻性。换言之，作为职业教育开展的基础设施，职业院校具有强烈的产业属性。职业活动产生于因为分工而引起的生产专门化与劳动职业化，但生产的专门化与劳动的职业化并不能直接提升生产效率。只有掌握了生产技能、拥有核心职业能力的人才是决定生产效率的终极因素。因此作为生产实践的最前端，职业院校的人才培养目标直接关系到生产活动开展的结果。职业院校的市场属性也就要求职业院校具有前瞻性。从工业社会发展到科技社会，劳动密集型职业逐渐减少，科技密集型职业逐渐增多，在这样的发展趋势中，不具有前瞻性的职业院校逐渐在社会发展中被淘汰，只有具有前瞻性的职业院校才能在发展中看到机遇，面对挑战，调整办学方式和人才培养目标，更新专业目录，适应现代经济与社会发展的需要。

职业院校的产业属性要求职业院校具有前瞻性，同时，职业院校的民生属性也同样对职业院校的前瞻性做出了要求。在我国，职业教育是一种全民教育，无论处于何种状态的人（从业、失业等）都有接受职业教育的权利。成长于社区之中并着眼于为社区服务的社区学院，其不仅使多数青年得到教育的机会，而且逐步提供诸如社区培训、继续教育等多种职能更显示了职业院校的民生属性。中国近现代爱国主义者、民主主义教育家黄炎培先生曾说："为个人谋生之准备，为个人服务社会之准备，为国家及世界增进生产力之准备。"他的职业教育目的观是职业院校的永恒追求，从个人到社会，再到国家世界，职业院校的民生属性从根本上来说是为了使"无业者有业，有业者乐业"。一些劳动者之所以就业不充分，关键是职业能力与职业技能水平不能适应当前经济发展的需要。职业院校的民生属性要求职业院校在前瞻中发现民生问题，关注在日新月异的社会发展中各职业对职业技能更新的要求，敏锐地发掘职业核心能力，及时地进行培养转向。因此职业院校的前瞻性也源于职业院校的民生属性。

市场是社会分工和商品经济发展的必然产物，它是一种交易现象，客观上存在着买方与卖方。在职业教育系统中，职业院校就是一种特殊的卖方市场，而公司、企业则扮演着一种买方市场。职业院校的毕业生作为职业院校的特殊"产品"与公司、企业之间形成一种交易现象。市场对职业人才的需求状况，在很大程度上制约职业教育的发展，同时也影响了职业院校的发展。职业院校具有市场属性，意味着职业院校在发展、运行过程中必定要受到经济规律的制约。市场是在不断发展和变化的，因此市场对于职业人才的核心职业技能、职业道德等要求也在不断地发展变化，预测市场将会发生的变化，并将这种变化作为办学的一大重要判断指标，有助于职业院校在激烈残酷的市场竞争中先手必胜，不仅有利于向公司、企业供给符合市场需求的职业人才，也有助于职业院校获取优质生源、扩大办学规模，履行职业教育义务。因此，在职业院校的市场属性要求其必须具有前瞻性。

4.实践性

实践是主观见之于客观，包含客观对于主观的必然及主观对于客观的必然。实践就是人们能动地改造和探索现实世界一切客观物质的社会性活动。职业院校中的职业教育从本质上来说就是一种实践教育。它与普通高等学校的通识教育不同，更强调专业技术能力的培养，是人们主动改造自然的手段的强化途径。

职业院校的实践性首先体现在教育知识的实践性上。教育知识概念内涵丰富，一类在教师教育实践中被总结、归纳、抽象形成的、用于指导未来教育实践的理论知识可被称为教育学知识，另一类在教学实践中被传达给学习者的、代际积累下来地对世界已有认识的知识可被称为学科知识。在这些知识的类型中，有可通过口耳相传、文字传递的理论型知识，也有必须通过言传身教、亲身感受的实践型知识，前者表明了教育知识的理论性，后者体现了教育知识的实践性。在职业教育中的教育知识，其实践性更强于理论性。职业院校作为承载职业教育教师的重要组织载体，是实践性知识生成的强助攻。宁业勤指出，初入职场的职教毕业生必须掌握基于技术的实践性知识、基于组织文化的实践性知识以及基于人际交往的实践性知识。一般来说，职业院校教育的培养目标是培养具备生产、建设、管理、服务一体的应用型专业人才，他们掌握必要的实践性知识有利于将所习得的理论知识有效应用于实践，有利于从学校环境顺利过渡至职场环境，快速适应职场，为职业发展奠定基础。职业院校也因此天然具有了实践性。

职业院校的实践性还体现在教学体系的实践性上。职业院校的培养目标是公司、企业上手即用或经简单岗前培训即可胜任工作内容的应用型人才，因此在教学体系中，职业院校更倾向于在教学中采用各种实践方法进行教学。职业院校通过实践教学，能够培养学生技能的操作性、应用性和实践性，提高学生的专业技能和专业素养，为学生就业打下坚实的基础。在此基础上，校企合作、双师教学等教学模式均成为帮助学生将书本知识应用于生产实践，强化理论与实践的联系，培养学生掌握科学方法并应用于解决实际问题的能力的有力帮手。在这种教学体系中，职业院校善于组织观察认知、实验实训、顶岗实习等教学环节巩固职业教育知识的专业知识，促进学生主动发现、勇于参与、敢于实践、勤于思考的良好学习习惯的形成。2019年6月，教育部下发的《教育部关于职业院校专业人才培养方案制订与实施工作的指导意见》特别强调，职业院校要加强实践性教学，实践性教学学时原则上占总学时数50%以上。要求积极推行认知实习、跟岗实习、顶岗实习等多种实习方式，规定学生顶岗实习时间一般为6个月。

职业院校的实践性还体现在课程体系的实践性上。课程体系总领了各教学任务的最终目标，是教学计划、教学大纲和教材全部内容及其实施过程的总和。课程体系的建构离不开教育类型的教育目标，就职业教育而言，培养"在生产和服务第一线从事技术、管理和直接运作的人"这一目标决定了实践性课程体系在职业教育中占有主导地位。普通高等学校与高等职业院校在课程体系上的差异主要体现在前者的课程体系强调通识教育，构成其专业知识体系的主体是理论性知识；而后者设立的各专业中，构成专业知识体系的主体是实践性知识。教育部2021年新修订的《职业教育专业目录》中明确了中等职业教育、职业高等教育专科、高等职业教育本科专业设置机械工程等19个大类的专业，各专业名称也可体现职业院校课程体系的实践性，如"种子生产技术""草药栽培"以及"新型建筑材料生产技术"等。

5.针对性

论及职业教育之特征，避不开的一点是职业教育的本质，即培养符合社会发展进步所需之专业人才这一点。所谓职业教育的针对性，实质上是指职业院校在人才培养过程中贴近企业用人需求。职业教育发展水平在相当程度上决定着人力资源的开发和利用水平，也决定着经济社会发展能否获得充足实用的技能人才的供给。

职业针对性是职业院校针对性特征的一个重要组成部分。职业针对性是指在职业院校的教学过程中，教学内容强调职业背景，在国家政策指导下对教学内容进行合理筛选以适应社会发展的职业所需知识为主要教学内容的特征。以语文教学为例，普通教育的语文教育强调语基知识，即所有人都应该掌握的、常识的、简单实用的知识，但这样的知识过于基础，因此在非职业教育的语文教学路线中，从语基知识逐步过渡至进阶知识，这些进阶知识强调理论性，即以读写知识为主要教学内容。但职业教育与普通教育不同，它天然地带有职业属性，在职业体验过程中，听、说等知识同样是有效促进学生胜任岗位工作的重要组成部分，写作能力，就是要求学生掌握常用应用文（如计划、总结、公文等）以及行业应用文（如经济合同、市场调查与预测报告、可行性研究报告等），与岗位内容息息相关，更应必修过关；说话能力，对将来从事营销、技术推广、公关等相关专业的学生，应具备即席讲话、演讲、辩论等要求更高的口才能力；汉字书写能力，假使学生毕业后要从事宣传、文秘等工作，对此项能力要求更高。因此职业教育中的语文知识以能力为本位，突出培养专业型人才的培养目标，更多地以行业背景为教学内容，在进阶知识的选取上根据对应专业特色有所取舍，与普通教育既有重合，又有特色。

市场针对性是职业院校针对性特征的另一个重要组成部分。如前文所述，职业院校的培养是以市场为导向的，市场需求何种人才，职业院校的人才培养方向就必须吻合这种需求。职业院校的建立目的就是向劳动力市场输出毕业生，在这种输出过程中，职业院校的专业设置、办学规模也要依据劳动力市场的变化而针对性地进行调整。申向丽等人指出，职业院校的专业设置结构要与社会就业相协调；专业大类的毕业生规模应当与相关行业对技能人才的需求大体平衡；各个专业的毕业生数量要与就业岗位的专业需求基本对口。职业院校如果缺少市场针对性，没有针对市场需求调整专业培养目录，仅根据自身条件、凭空臆想开设专业，有热门的专业就一拥而上，有合适的教师就随意开课，培养出来的毕业生无法适应劳动力市场的需求结构，容易导致结构性失调，既不利于毕业生就业，也不利于行业经济发展，从而导致职业院校无法完成培养社会发展所需人才的既定目标，不利于国家经济发展。因此，职业院校势必要具备市场针对性，敏锐发现市场动向，主动寻求市场信息，在发展规模、人才培养质量、办学结构、专业建设方面针对市场进行相应的调整，这样才可以满足不同的市场需求，做到有的放矢；目的是达到毕业生就业与市场匹配度提高，使就业市场与劳动力市场的人才结构、人才类型、人才数量与人才需求等因素达到高度契合，避免出现结构性错位。

6.持续性

劳动是人类社会生存和发展的基础，劳动是人维持自我生存和自我发展的唯一手段。社会中的每一个个体最终都会成为劳动者，从这个意义上来说普通教育与职业教育没有区别。甚至可以说，当下所有的教育都是广义上的"职业教育"。在人的整个职业发展中存在不同的阶段，职业教育在不同的阶段有着不同的任务和内容。在幼儿教育阶段，职业教育的目标主要包括认识和了解不同职业，初步养成各类职业的认同感，如医生、警察、教师等，主要的培养方式是游戏课、情境故事课、手工课、劳动课、美术课等课程；在青少年阶段，职业教育的目标为传授与职业相关的基本知识和技能、培养职业能力、进行职业指导，为就业做好准备；在中年阶段，主要是更新职业知识和技能，增强职业应变能力，使中年人顺利实现工作岗位的变动和职业角色的转换；在老年阶段，主要是补充跨职业的知识和技能，扩展职业能力，使结束职业生涯的老年人能老有所学、老有所为、老有所乐。职业院校作为职业教育的依托物，为职业教育的持续性提供发生场所，总的来说职业院校的教育在某种程度上也具有持续性的特征。就当下我国的职业教育体系来说，职业院校教育的持续性主要表现在幼儿阶段的职业启蒙、青年阶段的职业培养以及中年阶段的职业优化等方面。

职业启蒙教育作为个体参与社会劳动的起点，具有十分重要的作用。职业启蒙教育能够帮助幼儿、青少年及早了解什么是职业、为什么要职业、职业需要什么等问题，是促进学生全面了解职业、做好职业选择相关准备的基石。从政治层面来说，职业启蒙教育有助于学生发现职业兴趣，确定职业类别，维护社会稳定发展；从经济层面来说，能够有效激发学生的职业心态，掌握职业知识，为经济长期稳定发展提供充足动力；从社会层面来说，能够帮助学生认识自我、确立自我，实现学生的自我成长。

在职业启蒙教育的基础上，职业培养教育拓宽职业教育的范围，从激发职业兴趣、促成职业心态的层次上升到培养学生的职业道德、构建学生的职业能力的范畴，帮助学生比较深入地认识和了解各种职业，传授不同职业的理论知识，提高学生的实操水平；达到掌握基本知识和技能，具备基本的职业能力，提高学生的职业素养，帮助他们科学地选择职业，为就业做好准备。而职业教育的最终目标是通过教育，培养出高素质、高技能的工匠型人才，成为社会经济发展的贡献者。政治上，职业培养教育有利于组织大批劳动者走上工作岗位，实现社会平稳运行；经济上，职业培养教育的毕业生参与社会经济建设，成为产生经济价值的主体。而职业优化教育针对已参加工作的、走上工作岗位的群体进行再培养。对这一群体已经建立起来的职业知识和技能依据市场变动进行更新，缓解此群体在之前的劳动过程中产生的倦怠感，增强他们的职业应变能力。从职业启蒙教育到职业优化教育，职业院校中的职业教育体现出了一种强有力的连续性，这种连续性表现在职业院校中就是持续性。

二、职业院校所应承担的责任

学历教育、技能培养、社会服务是职业教育的三大功能。近年来，随着各级政府对职业教育重视程度地不断提高，高职院校招生规模也相应地逐步扩大，职业教育越来越成为国家经济发展的重要力量，成为推动地方经济重要因素。中国进入新时代，在当下知识经济的时代，职业院校承担着越来越重要的"社会责任"。如何更好地体现职业院校的社会责任，凸显职业院校的特色化发展，成为当下职教工作者亟待解决的重要问题和课题。

职业院校服务职业启蒙教育非常必要。首先，从教育发展的时代意义而言，职业院校参与职业启蒙教育是适应新时代中国社会经济发展对教育的高质量、多样化的要求，是我们国家构建更科学、更现代的教育体系，实现职业教育与普通教育相互融通的重要举措。2014~2019 年，国家先后出台多项政策，明确了新时代职业教育日益重要的背景下，职业院校要承担的历史责任与任务：面向普通教育，开放职业指导课程、开放校园、开设职业选修课程、联合开展启蒙教育。2014 年国家出台《国务院关于加快发展现代职业教育的决定》，文件中首次提出了在普通中小学引入"职业教育"概念，鼓励"初中或有条件的普通高中开设职业指导课程"，2015 年，教育部与人力资源和社会保障部联合印发了《首届全国职业教育活动周相关工作的通知》，提出"各类职业院校开放校园，面向中小学生、家长和社区居民开展职业体验、观摩教育教学成果活动等"。2017 年，国务院《关于深化产教融合的若干意见》，提出"将工匠精神培育融入基础教育"，鼓励"有条件的普通中学开设职业类选修课程""职业院校实训基地向普通中学开放"，《国家职业教育改革实施方案》明确"鼓励职业院校联合中小学开展劳动和启蒙教育"。可见，职业院校参与职业启蒙教育在政策层面得到了国家的大力支持，符合现代教育体系的顶层设计思路。其次，职业院校的参与是突破职业启蒙教育现实困境的一条有效途径。一方面，就目前我国职业启蒙教育的实施现状来看，中小学依靠自身力量推进职业启蒙教育面临诸多困境，集中表现为中小学缺乏必要的实施职业启蒙教育的资源，包括对职业有一定认知的师资、职业教育实训场所及包含职业元素的启蒙课程。另一方面，作为普通教育的承担者，由于教育资源有限，现阶段我国中小学依然以升学考试为主要目标，学生的课业负担重，教师的工作强度高，在此条件下开展专门的职业启蒙教育，缺乏内在驱动力，无论是时间还是精力的投入都比较有限。而职业院校的主要目标是传授职业知识，培养职业技能，进行职业指导，为社会培养各种专业技术人才，教学内容上强调专业知识与能力的培养，职业道德与职业精神的教育，具备成熟的职业教育与培训体系，以及相匹配的职业教育师资。因此，职业院校天然具备开展职业启蒙教育的资源优势，恰恰能够弥补中小学开展职业启蒙教育面临的短板。最后，职业院校参与职业启蒙教育，是新时代职业院校发挥社会服务功能，提高社会地位与影响力的一条创新路径。相对于普通教育，社会对职业教育长期存在一定程度的偏见，职业教育在人们观念中往往处于"次等"地位，反映的是人们对现实社会中不同职业的评价、态度和看法，其中所折射出的则是社会大众的职业认知问题。要想改变传统观念，提高职业教育的社会地位，需要从职业教育的根本问题入手。陈鹏、赵蒙成等人认为职业启蒙教育是现代职业教育之根，肩负着培养儿童职业兴趣与职业认知，帮助儿童树立科学的职业理想与职业价值观的重任。职业教育应前沿到基础教育阶段，帮助中小学生进行职业了解、自我认知与个性培养。基础教育阶段的职业启蒙教育不是典型意义上的职业教育，但对学生未来的职业选择与职业价值观具有启蒙意义。因此，职业启蒙教育也被视为职业教育的预备教育，是提高职业教育质量与社会声誉的重要途径。职业院校通过对中小学学生职业启蒙的早期介入，可以影响学生的职业观念与选择，改变社会对职业教育的负面评价，优化职业教育环境，提升自身影响力与社会地位。

总而言之，宏观政策的导向、现实发展的需求、社会服务功能的体现是职业院校服务职业启蒙教育的三大动因。职业院校参与职业启蒙教育是实现职业教育与职业启蒙教育协同发展的双赢举措。

第二节 职业院校服务青少年职业启蒙教育实践类型

案例研究是一种典型的研究方法，具备扎根实际、问题导向、理论逻辑与实践逻辑有机统一的特点，通过比较多个案例，分析多个案例之间的共同点与差异性，总结特定现象的行动逻辑。中小学校开展职业启蒙教育的最大痛点就是缺乏人力、财力、物力、信息等必要的教学资源，其自身的软硬件教育资源难以满足职业启蒙教育需要，单靠自身力量推进职业启蒙教育困难重重。为响应国家号召，各地区职业院校积极参与中小学职业启蒙教育，一些职业院校已经形成了各具特色的实践模式，本节从实践层面分析四个职业院校服务青少年职业启蒙教育实践案例，探究职业院校服务青少年职业启蒙教育的模式、过程以及效果，总结存在的问题。

一、职业院校服务青少年职业启蒙教育实践类型分析

1.学校主导型

学校主导型就是指职业学校作为职业启蒙教育资源提供的主体，根据中小学生职业启蒙教育要求，利用自身资源，开展青少年职业启蒙教育。例如拓展校内实训基地的功能，改造或创建一批校内职业体验中心，为中小学生开展职业启蒙教育提供有用、可用、好用的设施设备、提供掌握职业知识与技能的师资以及开发特色鲜明且多元化的职业体验课程，能够使中小学生真实感受到在岗位一线开展体验活动（图3-1）。

实践案例：职业院校校内建有各类专业的实训基地，校外配备有优质的企业资源，是职业启蒙教育资源的集聚中心。江苏常州各职业院校非常重视与中小

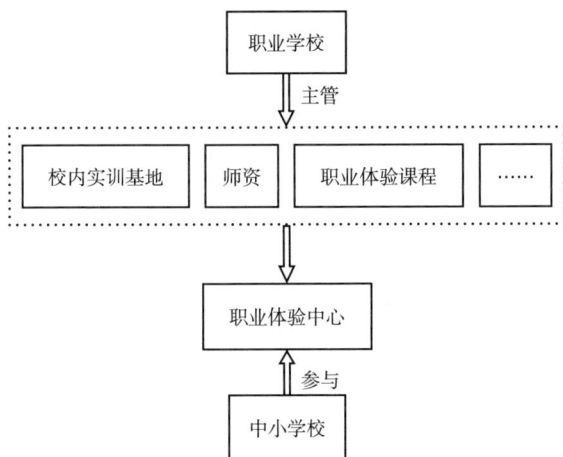

图 3-1　学校主导型

学校的协调发展，积极开展职业启蒙教育探索，许多职业院校建立了职业体验中心，面向常州市普通中学学生开放，可以承担通用技术和初中劳动与技术教育课程教学任务。例如常州信息职业技术学院聚焦统筹推进"中小学生职业体验"总体布局，建成江苏省中小学生职业体验中心即时空信息职业体验中心，该中心配备校内学术骨干 20 人，校外兼职骨干 13 人，拥有代表行业顶尖水平的 VR 实训、阿里云大数据中心、3D 打印创新中心、人工智能创新中心、工程机器人实践中心等职业体验场所，开设"北斗金课""星际探索""青少年编程""无人机竞技""智能机器人""农学食育"六大方向的职业体验课程，中小学生可通过虚拟仿真、交互体验、实际操作等方式，全面、立体地感知教学体验。中心推出以赛促学，赛学相长，组织并支持鼓励中小学生参加比赛，以结果为导向，帮助学生提升职业认知。

学校主导的职业体验中心具有专业的研学导师、仿真的职业体验场景以及优质的职业体验研学课程，是中小学开展职业启蒙教育的重要实践平台，是落实中小学职业启蒙教育的重要抓手。

2. 校校共建型

校校共建型是指职业院校与一所或多所中小学校基于共建共享理念共同开展青少年职业启蒙教育，形成职业院校 + 中小学校合作的模式（图3-2）。校校共同开发职业启蒙课程、共同建立职业启蒙教育基地、共同编制职业素养教材、共同建设师资队伍、共同参与职业体验活动等，从而促使青少年能够了解职业类型及特点、培养职业认知、提升职业素养。

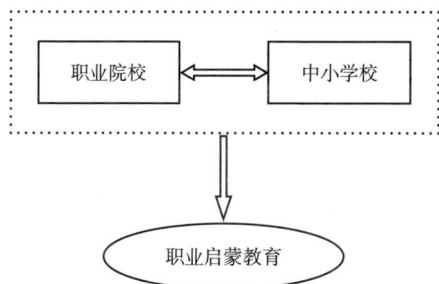

图 3-2　校校合作型

实践案例：广西职业技术学院作为一所高职院校，具备开展职业启蒙教育的课程、师资、场所等资源优势，南宁市第十四中学为一所中学，有开展职业启蒙教育的内在需求以及在师资、课程、场地等资源上面临的困难，双方遵循"职业教育的基础性"和"基础教育的职业性"特质，基于共建共享的理念开展合作，建立职业启蒙教育目标体系，明确职业规划、职业体验、职业素养、职业拓展、职业理想五个方面的教育目标（图 3-3）。构建专门的、渐进的、阶梯式的五个阶段职业启蒙教育模块化课程体系，确定了职业生涯规划课程、职业体验活动课程、职业素养必修课程、职业拓展项目课程、职业理想课程五大课程内容

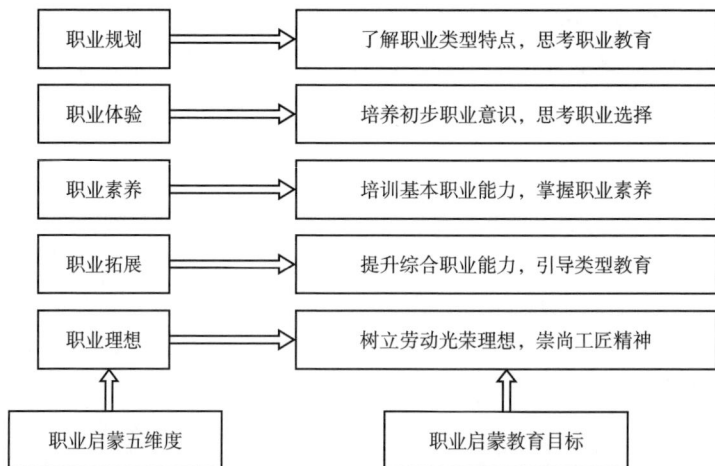

图 3-3　广西职业技术学院职业启蒙教育目标体系

注　来自《高职院校参与职业启蒙教育的实践探究——以广西职业技术学院为例》。

（表3-1）。同时，联合柳城县实验高级中学、南宁市第十四中学、河池市宜州区山谷高级中学3所普通高中，横州市职业教育中心、北海市中等职业技术学校、岑溪市中等职业技术学校3所中职学校建立职业启蒙教育实践基地；为保障常态化交流合作建立了职业启蒙教育资源共享机制，拓展职业院校开展职业启蒙教育的深度、广度。

表3-1　广西职业技术学院职业启蒙教育课程体系

课程模块名称	课程内容	课程形式	实施策略
职业生涯规划课程	职业类型与特点、职业教育政策	讲座、报告	进校园 进课堂 进宣讲
职业体验活动课程	参观、体验专业实训基地，了解、掌握基本职业操作	体验活动	依托校内实训基地、普通中学职业启蒙教育实践基地实施 利用学校校园开放日、职业教育活动周等重大职教活动实施
职业素养必修课程	从德、智、体、美、劳综合素质培养角度出发，结合学生兴趣爱好及信息技术发展趋势开设课程	茶艺、烘焙、3D打印、摄影等必修课	依托普通中学职业启蒙教育实践基地实施
职业拓展项目课程	全程参与项目建设	特色项目	依托学校各级各类技能大赛项目、南宁市第十四中学"走南宁"等特色项目实施
职业理想课程	大国工匠 非物质文化遗产传承人 劳动模范 技术技能人才典型案例	讲座、报告	利用大师工作室 校内实训基地 企业场所等实施

注　来自《高职院校参与职业启蒙教育的实践探究——以广西职业技术学院为例》。

3.社校合作型

社校合作型是指社区作为主体，联合职业院校和中小学校，集聚各方资源开展职业启蒙教育，形成社区＋中小学校＋职业学校三方互动的模式（图3-4）。

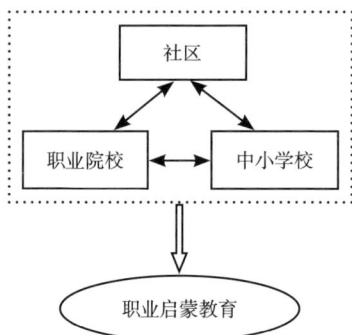

图3-4 社校合作型

实践案例：常州机电职业技术学院在社区的作用下，联合当地中小学学校，三方共同建立了武进清英国际学校等3个职业启蒙教育基地、天宁区未成年人教育指导中心教育联盟和"众城国际物流"企业职业体验基地。组建由企业能工巧匠、职业院校双师型教师、中小学校教师组成的混编教师团队；采用"选择性课程与活动"相结合、"线上线下"相结合的形式开发职业启蒙课程，完成物联网技术等课程教学和职业体验课程20余门，开放了课程 APP 和微信公众号；不定期推出各种类型的职业教育活动，开放校园、开放课堂。

4.多主体参与型

多主体参与型指的是在政府的引导下，职业学校、中小学校、行业企业等作为主体参与职业启蒙教育（图3-5）。其特征为政府牵头，资源集聚优势明显，工作机制完善，活动实施有序。

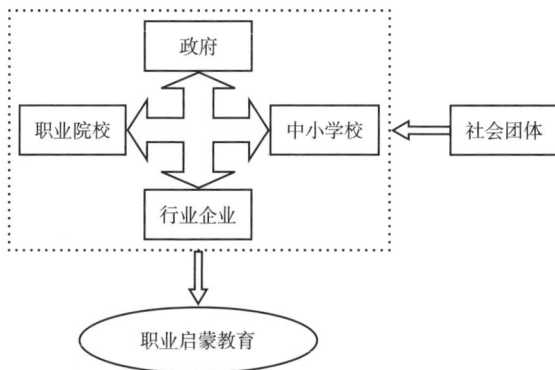

图3-5 多主体参与型

实践案例：2011年上海市教委在工作报告中就指出积极利用开发实训中心的资源优势，开展面向普通中学并适合学生特点、普职渗透的劳动教育。普陀区利用区域教育资源，打造"圈、链、点"的教育资源特色，专门成立职业启蒙教育工作领导小组，该小组由分管领导牵头，联合基础教育科、职成教科等相关职能科室以及教育学院专业部门和实践基地，同时建立机制，明确教育行政、专业部门、实践基地、基层学校各方的工作职责，共同建立了区级学生职业启蒙教育基地，实现职前、职后教育中心的教育功能，陆续联系区域内的相关企业加入职业启蒙教育，打造了区域大学堂课程体系，开设"职业学堂"。"职业学堂"整合了区域内不同类型的学校、实践中心和企业资源，逐渐形成了"教育局—职业学校—中小学—企业"的四方协同机制。

二、职业院校服务青少年职业启蒙教育实践类型总结

通过对职业院校服务青少年职业启蒙教育四种模式分析情况来看，各个模式中职业院校参与的方式、内容以及效果呈现出不同的特征，职业院校服务青少年职业启蒙教育仍然处于探索阶段，在参与过程中仍然存在很多不足，还需要进一步优化。

不同地区受到当地政策、经济环境、人们意识等多种因素影响，职业院校服务青少年职业启蒙教育会呈现出不同特征，形成各具特色的模式。通过对学校主导型、校校共建型、社校合作型、多主体参与型四种模式的分析，职业院校服务青少年职业启蒙教育主要呈现如下特征。

1.各模式主体不同，服务意愿各不相同

学校主导型与校校共建型都以职业院校作为青少年职业启蒙教育的主体，职业学校在相关政策的推动下，为了更好地发挥社会服务功能，主动参与到青少年职业启蒙教育，并承担比中小学校更多的角色和任务，发挥的功能和作用也更加明显。社校合作型和多主体参与型这两种形式参与的主体都是两个及两个以上，同时均由政府介入，政府在青少年职业启蒙教育起到主导作用，由于政府的加入，各方主体参与的主动性更强，合作的紧密程度更深，资源的集聚更容易，青少年职业启蒙教育也更能形成长效和特色。

2.职业院校服务青少年职业启蒙教育的落脚点是职业体验基地建设

从对四种模式的分析来看，职业院校服务青少年职业启蒙教育落实均体现在集聚资源建设职业体验基地，一方面是职业体验基地是实体，看得见、摸得着，可评价，实现起来比较容易，只需要对原有的场馆、实施设备、实训基地进行改造，对现有的课程内容进行改良，利用现有的师资队伍便可以实现对青少年开展职业启蒙教育。另一方面，青少年喜欢参与职业体验活动，进入职业体验基地，通过看、听、做等真实的感官体验，亲身感受职业的魅力，满足对职业世界的好奇心，这也是我们一直提倡的"做中学"的教育理念。但是职业体验基地建设只是职业启蒙教育中一小部分内容，职业体验也只是开展职业启蒙教育的一种方式和方法，要推进职业启蒙教育不能只停留于以"观光""手工制作"为主的职业体验。

3.职业院校服务青少年职业启蒙教育的关键点是资源整合

资源整合是对现有资源在最大程度上进行合理的科学配置调整，有机结合，它不是简单的组合，而是要追求资源结构利益的最佳化和整体利益的最大化。职业启蒙教育资源整合就是多个职业启蒙教育参与主体互动、分享并利用职业启蒙教育资源来优化主体内外部生存环境以获取最大利益的过程。中小学校受到职业启蒙教育的课程、师资队伍、实践场地等资源的限制，仅依靠自身难以有效推进职业启蒙教育的高质量发展，为此，不论是学校主导型、校校共建型还是社校合作型、多主体参与型，其目的都是在合作的基础上集聚各方资源，学校主导型集聚了职业院校自身场地、实训基地、师资、课程等资源，校校共建型集聚的是职业院校和中小学校的资源，社校合作型和多主体参与型则是通过社区、政府部门集聚职业院校、中小学校、企业以及其他社会团体资源，为此，一方面需要激励政策和制度保障，鼓励各方带资源参与职业启蒙教育中；另一方面，各方需要创新合作的体制机制，挖掘利益点，确保各方获得物质和非物质等"利益"基础上，实现优势互补，推进职业启蒙教育。

4.职业院校服务青少年职业启蒙教育的亮点是课程体系改革

课程是一个使用广泛而又含义多重的术语，施方良在《课程定义辨析》中对课程的词源进行了分析，归纳课程的六种定义，即教学科目、有计划的教学活动、预期的学习结果、学习经验、文化再生产、课程社会改造的过程，对于不同的人在不同的情景里，课程具有不同的定义。职业启蒙教育课程界定为面向青少年开展的、涵盖各类不同职业的职业启蒙教育课程的总和，是一个完整的职业启蒙教育课程体系，包括课程目标、课程内容、课程活动以及课程评价。当前，面向中小学生开展职业启蒙教育存在的突出问题是课程建设不够深入，主要体现在课程目标不够明确，有特色的课程体系尚未形成，课程标准、教学大纲和教学设计不健全等，要推动职业启蒙教育从经验探索不断向规范化、科学化、长效化方向发展，必须树立课程意识，从课程建设入手，根据自身的资源优势，建立独具特色的课程体系。

通过对职业院校服务青少年职业启蒙教育四种模式的分析，发现当前职业院校服务青少年职业启蒙教育实践存在以下问题。

（1）职业院校服务青少年职业启蒙教育的理论研究滞后。

一是我国青少年职业启蒙教育与发达国家相比起步比较晚、整体基础比薄弱，缺少科学、系统、专门的研究机构开展研究工作。二是从事职业院校参与青少年职业启蒙教育研究的研究人员数量比较少、基础还比较薄弱，特别是从事理论研究的水平和素养相对比较低。由此使我国职业院校参与青少年职业启蒙教育的实践缺乏科学、系统的理论指导，大多数还停留在"政府干预"层面，动力机制尚未健全。

（2）职业院校服务青少年职业启蒙教育的体制机制创新有待深入。

新《职业教育法》为开展青少年职业启蒙教育提供了法律支持，但职业院校参与青少年职业启蒙教育的体制机制创新是一项艰难、曲折而庞大的系统工程，需要不断研究和实践，如书中提到了四种青少年职业启蒙教育的模式的体制机制有其可取之处，也有缺点，学校主导型资源有限；校校共建型服务的面比较窄；社校合作型和多主体参与型都只是停留在主体之间资源互换和资源交换层面，深层次的合作尚未开展，需要在实践中不断完善。另外，在职业启蒙教育推进过程中，中小学校、职业院校一头热，行业企业等其他社会团体积极性不够，政府、学校、企业、家庭四方分离等体制机制的瓶颈问题没有得到有效的解决，职业院校参与青少年职业启蒙教育的体制机制还需要进一步创新。

（3）多主体参与职业启蒙教育定位不够明确，参与积极性有待提高。

之前，参与职业启蒙教育只是停留在中小学校，随着建立现代职业教育体系的提出，职业院校逐渐承担起自身的职责，参与到青少年职业启蒙教育中，并发挥了积极的作用。但职业启蒙教育需要政府、学校、企业等多主体共同推进，然而政府角色定位不明，缺乏激励制度和评价机制；中小学校认识职业启蒙教育的重要性，但主动寻求外界合作的意愿不够强烈；职业院校作为职业启蒙教育的主阵地，缺乏主动服务意识，主导作用不够凸显；企业追求的是经济效益，与价值取向不一致，以致企业缺乏热情。这些问题长期得不到有效解决，制约了职业启蒙教育的深入推进。

第三节　基于共生理论的职业启蒙教育共同体构建

　　社会各界逐渐认识到职业启蒙教育的重要性，职业启蒙教育陆续地出现在政府部门发布和实施的重大决策文件中，一些中小学校、职业院校将职业启蒙教育内容纳入人才培养体系。充分发挥政府、职业院校、行业、企业等社会组织在职业启蒙教育中的积极作用，探索和分析职业教育复合型人才培养过程中遇到的问题成为社会关注的热点问题之一。在众多因素中，职业学校在青少年职业启蒙方面有着得天独厚的优势，特别是对优势专业对应的职业倾向有着更深刻的理解，能够更好地帮助青少年学生规划职业生涯，但是职业启蒙不是单单一个机构或一方力量就可以完成的，必须集政府、职业院校、企业、中小学、社会机构等构建起职业教育共生体，职业启蒙教育体系才能日臻完善，为我国职业教育工作的有序开展提供强有力的支持。

　　本节内容将共生理论引入职业启蒙教育共同体构建研究中，通过对共生单元、共生模式和共生环境的分析，构建职业启蒙教育命运共同体的共生体系，探讨政府、职业院校、企业、中小学、社会机构在互动融合中的共生关系，进而拓展职业启蒙教育命运共同体的应用内涵。

一、共生理论及职业启蒙教育共生要素概述

　　共生理论是关于不同物种的有机体之间的自然联系的理论，是美国微生物学家和分子生物学家马古利斯等人在"盖娅假说"基础上提出的。20世纪50~60年代后，研究人员认为人类也是共生生物，之后共生理论在社会、政治、经济、管理、教育等多个领域广泛应用。"共生"的本义为两种不同生物之间所形成的紧密互利关系。一方为另一方提供有利于生存的帮助，同时也获得对方的帮助。通

过生物共生现象，人们认识到共生是人类之间、自然之间以及人与自然之间形成的一种相互依存、和谐、统一的命运关系。

共生理论主要由共生单元、共生模式、共生环境和共生界面四个要素组成（图3-6）。共生单元是构成共生体或共生关系的基本能量产生和交换单位，是共生体的基本构成单位。共生模式也被称为共生关系，是指共生单元相互作用或相互结合的形式。它不仅反映了共生单元间的作用方式及作用强度，还反映了共生单元间的物质信息交流和能量互换关系。共生环境是共生单元的物质、信息和能量交互载体，是共生模式的运行环境。共生界面是共生单元之间接触的方式和机制。共生单元是基础，共生模式是相互结合的形式，共生环境是内外部条件，而共生界面则是能量交换的通道，四个因素相互联系、相互作用、相互影响，共同促进、共生成长。

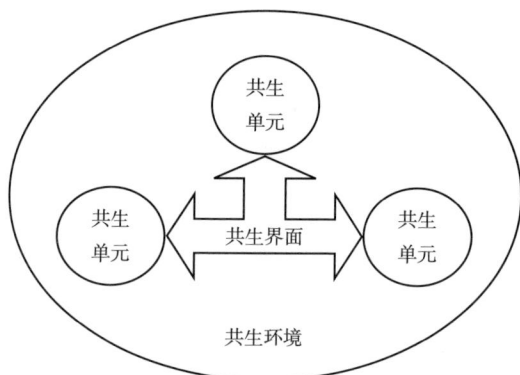

图3-6 共生系统结构图

职业启蒙教育是多主体共同参与的"多主体"跨界教育，需要参与的各主体之间沟通合作、共建共享、互惠共生，营造一个良性发展的环境，实现共赢。共生理论强调共生单元同生共长，这与职业启蒙教育的内在要求相符，为此，将共生理论运用于职业启蒙教育，理论上可行，方法上优越。

1.职业启蒙教育共生单元

职业启蒙教育的所有利益相关者均可作为共生单元，政府、职业院校、中小学校、企业及其他社会组织是职业启蒙教育开展过程中非常明显的参与机构与群体，是整个职业启蒙教育的利益相关者。政府是职业启蒙教育各类政策法规的制定者，教育经费的提供者，各类职业启蒙教育方案、标准的设计者，文化宣传氛围的营造者以及教育质量的评估者。职业院校是职业启蒙教育软硬件资源的提供者，职业启蒙教育宣传的参与者、职业启蒙课程开发的参与者、职业启蒙教育的实施者。中小学校是职业启蒙教育的宣传者、各类方案的实施者、课程开发的参与者、参与职业启蒙教育人员的提供者。企业是职业启蒙教育资源的提供者、职业信息的提供者、服务功能的补充者。政府、职业院校、中小学校、企业构成的职业启蒙教育的共生单元。

2.职业启蒙教育共生模式

共生模式伴随共生单元的性质变化以及共生环境的变化，共生模式会呈现多种组织状态或行为状态。一般可分为点共生、间歇共生、连续共生以及一体化共生，点共生模式的特点就是在某一时间内共生单元产生一次性相互作用，共生单元只是单方面发生作用，共生关系不稳定。间歇共生模式是指在某段时间内共生单元发生多次的作用，共生单元在少数方面发生作用，共生关系趋向稳定。连续共生模式是指在某段时间内在共生单元之间连续发生相互作用，共生单元多方面发生作用，共生关系相对比较稳定。一体化共生模式是指共生单元之间形成了共生系统，共生单元之间开展了全方位相互作用，共生关系稳定。由此可以看出从点共生到一体化共生是一个逐渐发展完善的过程，政府、职业院校、中小学校、企业等职业启蒙教育共生单元应该积极达成理想的一体化共生模式。

3.职业启蒙教育共生环境

共生环境对共生模式的影响有正向、反向和中性。共生环境与共生模式的不同作用关系可能推动或抑制共生单元的变化、发展，优异的共生环境有助于共生模式进化到更高层次，显著提高共生单元间的共生度，但共生环境可能存在持续的波动性和不确定性，职业启蒙教育命运共同体与共生环境呈现双向激励是理想化状态。职业启蒙教育呈现的共生环境包括影响职业启蒙教育发展程度的软硬件环境，如基础设施、生活服务设施、政策制度、法律规范、师生素质、社会舆论等，只有共生环境发挥其正外部性功能，对共生单元的动态发展起到激励作用，并且激发新的共生单元参与其中，使共生单元能更好地适应共生环境，才能催发共生关系的进一步升级。

4.职业启蒙教育共生界面

共生界面是共生单元之间物质、信息和能量传导的媒介、通道，主要具有信息传输、物质交流、能量传导、分工与合作的中介等功能，一般分为单介质共生界面和多介质共生界面，共生关系一般表现为多重共生关系，因此多介质共生界面更为常见。在多介质共生界面中，往往具有多种共生介质，不同的共生介质发挥着不同的作用，反映共生单元之间不同方面的关系。职业启蒙教育的共生界面可以理解为政府、职业院校、中小学校、企业等之间开展合作的体制机制、共建基地、平台、课程等。

二、基于共生理念的职业启蒙教育共同体构建

1.共生理念下的职业启蒙教育共同体内涵界定

"共同体"这一概念的研究最早可追溯到马克思的《资本主义生产以前的各种形式》，滕尼斯（Ferdinand Tonnies）在《共同体与社会》一书中将共同体定义为用来表示一种基于协作关系的"有机组织形式"，一种具有共同归属感的社会团体，一种特别的、理想的"社会关系类型"，一种有别于"人为状态"的、"天然状态"的社群组织。随着时代的发展，"共同体"的内涵与外延也在发生着变化，出现了社会共同体、经济共同体、文化共同体、教育共同体、学习共同体等，无论概念如何变化，共同体的内涵基本包含三个层面，一是共同体是群体概念，而不是个体概念；二是组成这个群体的每一个个体都有着共同的利益或目标；三是群体中的个体之间相互联系和互动。共生理论强调利益相关者之间的协同共生和共同发展，与共生理论中充分发挥共生单元的作用，从共生单元的质参量兼容、共生行为模式以及共生环境三个角度展开持续优化，形成良性互动的共生发展相吻合。

2.职业启蒙教育共同体共同因素分析

共生理念下的职业启蒙教育共同体是指政府、职业院校、中小学校和企业等社会团体之间以推进职业启蒙教育为目标联合创新的实体，该实体突出"公共性、公益性、示范性、共享性"原则，以合作伙伴的共同愿景为基础，以共筑组

织为前提，以职业体验基地共建为切入点，以理论共研、课程共定、师资共育为依托，有明确的合作目标和合作机制，合作各方在职业启蒙教育的全过程或某些环节共同投入、共同参与，最终实现从职业感知、职业体验、职业规划、职业教育到职后培训的职业的逐步递进发展的教育目标。

（1）共同愿景：培养学生的职业认知、职业兴趣、职业态度，养成良好的职业习惯。

共同愿景是指政府、职业院校、中小学校和企业等构成共同体的社会团体所接受和认同的，建立在目标、价值观和使命感一致的基础上，共同规划勾勒出来的未来发展的宏伟蓝图。当前，青少年对职业缺乏认知、缺乏引导，导致其对职业了解太少，选择职业发展方向大多数还是依赖家长，同学之间的聊天，媒体的宣传报道等，而没有真正从自己的专业兴趣爱好出发，因此造成学生哪怕考取了高分，依然会学习得很痛苦，职业生涯会走弯路，由于缺乏职业认知和职业兴趣，更谈不上职业精神、工匠精神。面向青少年开展职业启蒙教育，是一个国家职业教育的重要组成部分，更是全体提升青少年综合素质的必然要求。对于青少年来说，职业启蒙教育不仅是内在发展的需求，更是今后走上社会之后谋求职业的必须。对于职业院校来说，全面提升职业教育社会认可度的一种重要手段；对企业来说是提升社会知名度以及提高高技能人才留用率的一种有效方法。为此，政府、职业院校、中小学校和企业有了共同愿景，就是破除青少年因缺乏职业认知和职业方向，导致对职业不感兴趣、没有作为的现象，起到共同推进职业启蒙教育的内在需求的作用。

（2）共筑组织：共筑青少年职业启蒙教育联盟。

青少年职业启蒙教育共同体是多方合作的一种特殊形式，它不同于其他松散型的合作组织，它的共同愿景以及利益关系将各成员之间通过一定的组织机制紧紧地联系在一起，从共同体的建立、运行到产生成果，组织在其中发挥着重要的作用。青少年职业启蒙教育联盟作为青少年职业启蒙教育共同体实体组织，成立联盟理事会，成员包括政府官员，职业院校和中小学校领导、教师，企业领导、技术骨干以及学生家长等，也可以邀请社会上的知名人物、该领域研究的专家参加。制定联盟《章程》，健全联盟"资源入股、资源共拓、成本共摊"的运行机制，所谓资源入股是指政府、企业、学校以及其他社会团体携带资源折算入股的投入机制，所谓资源共拓是指发挥政府的统筹力、学校的教育力、企业的市场力三力并举的资源拓展机制，所谓成本共摊是指职业启蒙教育在推进过程中产生的费用由各方主体共同承担的资金运作机制。同时，建立协调机制和管理机制，负责协调、处理、解决共同体运行过程中出现的事情，维护各个共同体成员的利益，确保共同体高效运行。

（3）共建基地：资源集聚共建青少年职业体验基地。

青少年职业体验基地是实现职业启蒙教育的重要实践平台，有利于职业院校发挥社会服务职能，增强社会对职业教育的认同感，提升职业教育的吸引力。而青少年职业体验基地的建设不是依靠某一个群体所能实现的，而是需要集聚包括人力、财力、物力、信息等在内的多种资源，通过政府财政拨款、企业捐赠等获得财力资源；通过职业院校和中小学校提供教学场地、教学建筑、教学用具、教学设备等物力资源；职业院校、中小学校、企业共同投入人力资源；通过政府、学校、企业共同提供信息资源，依靠共同体各成员资源聚合，建立多功能、多样化的青少年职业体验基地，坚持"成熟一个、推出一个"的原则，强化青少年职业体验基地的社会化辐射、示范功能。

（4）理论共研：开展"人职匹配"的理论研究。

我国青少年职业启蒙教育与发达国家比起步晚、整体基础比薄弱，缺少科学、系统、专门的研究机构开展研究工作。从事职业院校参与青少年职业启蒙教育研究的研究人员数量比较少、基础还比较薄弱，特别是从事理论研究的水平和素养相对比较低。由此使我国职业院校参与青少年职业启蒙教育的实践缺乏科学、系统的理论指导，大多数还停留在"政府干预"层面，动力机制尚未健全。以破解"职业成长"难题、服务青少年职业生涯规划与发展为宗旨，整合职业启蒙教育共同体各成员资源，开展高水平职业生涯规划与发展指导。聘请国内职业生涯规划专家、职教研究顶尖专家、职业心理研究专家、人力资源管理专家、各职业体验项目和课程负责人等作为中心成员，开展基于"人职匹配"的理论创新研究，以指导职业院校参与职业启蒙教育的实践。

（5）课程共定：开发一批优质职业体验课程。

1949年美国著名课程论学者泰勒提出了当代最有影响的课程理论体系，课程设计包括四个步骤，即确定教育目标、选择经验、组织经验和评价结果。职业启蒙课程也可以基于这四个步骤构建课程体系。一是职业启蒙教育的知识体系与传统学科教育不同，要明确青少年所需要的职业相关知识、职业素养和职业能力，针对青少年个体认知水平、对职业了解程度和职业探索能力，确定与相应年龄阶段学生需求和身心水平相适应的课程目标。二是联合共同体各成员优势，共同参与课程开发，职业院校和中小学校教师作为课程开发的主体，将课程开发与软硬件设备有效衔接，简化烦琐的技能操作，突出体验和可操作性。三是深入挖掘职业学习课程资源，积极发掘企业资源、校外其他实践基地资源、中小学课程资源等，予以整合加工再利用。四是完善评价机制，建立起多维评价体系，持续关注、动态监测学生对职业的认知动态。

（6）师资共育：培养一批职业启蒙教育传授者。

教师队伍建设是实现教育目标的根本保障，建设优质的职业启蒙教育师资队伍是促进职业启蒙教育有效开展的需要。而职业启蒙教育师资队伍建设不同于学校专业课程的师资，离不开多方主体的共同合作，政府和职业院校、中小学校、行业企业以及教师要共同发力。政府部门需要为职业启蒙教育师资队伍建设提供政策和财政支撑，同时建立有效的评价机制。行业企业需要为职业启蒙教育师资提供培训的平台。职业院校与中小学校需要促进师资经验交流平台，同时加强职业启蒙教育师资的职前培养；对于教师来说需要转变传统教育观念，提升参与职业启蒙教育的意愿，积极参加培训，提升相关意识与能力。

3.职业启蒙教育共同体各共生主体作用分析

建设职业启蒙教育共同体，要充分发挥义务教育、普通高中、职业院校、综合高中、高等教育、家庭教育、社区教育、行业企业等各领域的特点和优势，整体布局、统筹发展、合理分工，形成合力。充分调动学生、家长、教师、行业企业、媒体及志愿者的积极性，广泛参与，激发活力，形成良好的社会环境和舆论氛围。整合各学习阶段和领域的教育资源，实现资源共享和优势互补，共建共享教学设施和培训设施，促进教学资源自由流动，实现效益最大化。

（1）发挥好政府的主导作用。

职业启蒙教育需要处理好政府、学校和市场以及社会服务机构等部门之间的内在关系。它不可能是由政府单向的政治性、权威性和指令性操作的自上而下运行的过程，而是一个自上而下、自下而上、几上几下互动的过程，职业启蒙教育内部各共生单元之间要共同协商、良好运作、确立统一目标等方式实现职业启蒙的既定目标。政府相关部门要在职业启蒙教育的管理中转变政府职能，力求做到不越位、不缺位、不错位，实现政府的统筹、协调作用，而不是成为管制型政府一味地发号施令，强制执行。政府要保证公共利益最大化，发挥在多元协同育人的教育架构、构建过程中的主导作用，协调、号召各职业院校、企业积极参与到职业启蒙教育中。宏观来看，政府部门需要规划好顶层设计，以此作为打造现代职业体系的重要组成部分之一，满足国家、社会对职业教育越来越高的需求，同时为社会主义现代化建设事业的发展启迪更多更优秀的人才，做好人才储备和挖掘工作。

第一，制定相应的法律法规。引导职业启蒙教育的大方向，大力扩大职业体验活动辐射面。有效整合学校、企业等资源，保证每个中小学学生人人都可以享受职业启蒙教育这种公共产品。明确职业启蒙教育的重要性以及政府及其他参与者应该承担的职责；制定职业启蒙教育的指导思想、教育目标以及内容和措施；制定职业启蒙教育的评估机制和奖惩措施；出台各方参与职业启蒙教育的激励措施，吸引教育服务部门、青少年服务中心、企业研发部门等参与职业启蒙教育。

第二，促进各主体资源整合。在政策的指导下，政府职责需要从管制型向服务型转变，从法律法规、规章制定中寻求其行使职业启蒙教育行政的合法性和权威性。政府统筹企业、学校和社会其他组织的教育资源，发挥各类教育资源优势，对职业启蒙教育的资源配置进行深入分析并进行有效调配，避免教育资源的重复与杂乱等问题，保障最大程度地为职业启蒙教育所用。建较完善的共享职业体验中心，为广大中小学生在职业学习情境中体验不同职业提供便利。递进式设计适合中小学生年龄特点和个性特征、符合中小学生兴趣的职业启蒙、职业认知、职业体验和职业规划指导课程。职业学校和中小学是职业启蒙教育共生环境中的核心的实践主体，这两大主体的共生关系直接决定了职业启蒙教育的教学质量。需要让两大主体认识到职业启蒙教育需要互惠双赢，促进包括思想、理念、经验在内的无形资源的交换。

第三，构建保障措施。教育行政部门加强对劳动和职业启蒙教育工作的组织领导，将其作为推进教育综合改革的一项重要工作。明确有关学校、相关行业企业和组织部门的工作任务和职责，形成工作合力。加强属地统筹，建立健全相关工作制度，确保落实到位，特别要健全安全保障机制，明确安全保障责任，落实安全保障措施。教育行政部门要定期组织专家对各地开展职业启蒙教育进行指导，将中小学生职业启蒙教育开展情况列入教育督导检查的重要内容，将动手实践内容纳入中小学相关课程和学生综合素质评价。

第四，加大宣传力度。要利用多种媒介和手段大力宣传加强职业启蒙教育的重要意义，鼓励和引导社会各界积极参与中小学生职业启蒙教育工作，对职业启蒙教育做得好的地区和学校要及时总结经验并予以宣传推广。

（2）发挥好企业的动力主体作用。

参与职业启蒙教育是企业对技术技能人才的需求。企业要发展，人才是关键，企业需要多渠道构建符合企业自身发展需求的技术人才提供途径，基于这一需求，企业愿意与职业院校联合建立"校企共同体"，通过在人才培养、技术创新等多个方面深入合作，帮助企业解决企业经营发展过程中遇到的技术技能型人才不足的问题。参与职业启蒙教育可以提升企业社会美誉度。企业的生存，良好的社会声誉至关重要，不管是国有企业还是民营企业都可以通过承担社会责任来提高企业的美誉度，体现出企业的社会责任的意识和能力，同时，参与职业启蒙教育，在青少年中宣传企业文化，可以进一步提升企业的在社会中的认可度，为此企业有参与职业启蒙教育的内在需求。参与职业启蒙教育企业可获得切实利益。企业参与职业启蒙教育可以更好地享受政府部门的一些优惠政策，在政府部门建立起良好的名声，也可以获得参与职业院校培训相关费用的补贴。国务院颁布实施《国家职业教育改革实施方案》后，各级政府也相继推出了当地经济发展和实际情况的职业教育政策和文件，为企业参与职业教育的税收减免、培训补贴等各方面提供政策支持和扶持力度。

企业应当积极参与职业启蒙教育中来，通过聘用高素质技术技能人才促进企业全面提升的同时致力于对未来人才的培养，在职业启蒙教育中发挥重要作用。企业可以提供真实的职业情景，拓展职业启蒙教育的内容，激发青少年学习的积极性。企业直接参与职业启蒙课程的开发，拓展职业教育课程的真实性。企业职业作为职业启蒙教育的实施者，可以充分调动学生的能动性、激发学生的创造性，提高学生的实践能力和发扬创新精神。

（3）发挥好中小学校的实施主体作用。

基础教育是人生教育活动的起点，是提高青少年基本素质的重要教育阶段，教育能否培养与社会和谐共生的人，基础教育是关键阶段。中小学校的教育的目标是既要传授知识，更要培养德智体美劳全面发展的高素质人才。换句话说，基础教育阶段，不仅要教授青少年学生知识，培养学生思想品德，也要进行职业启蒙教育，缺失职业启蒙教育的中小学校的教育是不完整的。不论是政策理论还是社会实践，都要求在基础教育阶段开展对青少年的职业启蒙教育，中小学校必然也必须成为职业启蒙教育的实施主体。

职业启蒙教育不是一门独立的学科，与学科课程不同，它呈现碎片化特点，可以通过多种教育活动得以实现。

第一，在学科教育中渗透职业启蒙。以《基础教育课程改革纲要》和《义务教育各学科课程标准》为指导，挖掘职业启蒙教育素材，转化为教育内容，渗透到学科教育中。

第二，设置各类职业启蒙课程，如劳动课程、职业技术课程、综合实践课程等，通过考察探究、设计制作、亲身体验、主题活动等形式，帮助学生了解社会职业、形成正确的职业观。

第三，有效利用社会其他资源。将职业启蒙教育置身于社会环境中，有效获取社会上丰富的教育资源，如企业的真实环境资源、职业院校的实验实训资源、政府的政策资源等推进职业启蒙教育。

第四，加强与职业院校合作。职业院校的专业设置与社会职业相匹配，实训场所体现真实工作岗位，师资队伍专业且充裕，是中小学职业启蒙教育的重要场所，加强与职业院校合作，实现普职融通，为职业启蒙教育提供资源保障。

（4）发挥好社会组织的补充作用。

社会组织主要指非政府组织、民间组织和第三方组织，职业启蒙过程中要充分利用社会组织的补充功能搭建多样化平台。目前，我国职业启蒙教育事业迅速发展，基金会、研究会、其他非营利性组织等参与其中，实现社会功能和体现社会责任，提高履行社会使命的能力，扩大其参与职业教育影响力，也为职业教育事业发展提供多元化的渠道。第一，社会组织参与职业启蒙教育将提高育人主体之间的沟通协调。第二，社会组织比政府部门规模小，但有反应灵活的优势，在职业启蒙中可以随时根据实际情况调整和优化教育服务方案，使教育启蒙的效率有效提升。第三，社会组织积作为职业启蒙教育的有益补充，在多元育人职业教育体系构建中，使职教资金服务的范围扩大，社会组织要挖掘自身资源，为我国职业启蒙教育的全面开展奠定了坚实的基础。

（5）发挥好职业院校的服务主体作用。

职业院校是开展职业启蒙教育的法定主体，把学校的职责与使命以法律的形式固化下来，从而为广大青少年的全方位职业规划提供支持和帮助。发挥职业院校优势。职业院校在职业启蒙上有着得天独厚的优势，尤其是专业因职业而设，对职业有着更深理解，能更好帮助青少年开展职业启蒙教育。立足优势，发挥优势，创新优势，依托职业院校的资源、人才及经验优势，建构集"认知、测试、体验、咨询（指导）、培训"功能集成化的"生涯空间"，不仅有青少年的职业启蒙，还可以使职业迷茫的青少年进行职业生涯咨询，也能对渴望进行职业培训的人员进行专业的培训。

职业启蒙要遵循"认知与探索—体验与发现—定向与规划"的规律，职业院校在开展职业启蒙教育时特别要注意不同年龄段学生的特点、心理发展需求等关键因素。在实施职业启蒙过程中，不断探索职业启蒙教育和职业技能教育进行有机结合，设定明确的教学目标，创新职业启蒙教育的方法，紧跟市场经济发展的步伐，研究最新技术赋能职业启蒙教育，例如利用微信、QQ等，采取定向投入职业启蒙教育内容的方式，向学生推送形式多样、轻松活泼，简单易懂且制作精良的教育科普视频动画，让广大学生更轻松、愉悦地接受科学的职业启蒙。职业院校在职业启蒙教育中需要承担如下几个角色：

第一，做职业启蒙教育资源的提供者。职业院校凭借办学环境好，硬件设施完善、学校层面的重视、在区域的影响力较高等条件，开放校园、实训场地与设施；与中小学校合作，组织开展各类职业教育主题活动。

第二，做职业启蒙课程开发的主导者。职业院校拥有对接不同职业岗位的专业群，各专业教师都是行业发展的研究者，具备职业启蒙课程的能力，鼓励教师开展职业启蒙课程研究，提炼专业通用职业元素，参与课程标准制订，开发职业启蒙特色课程。

第三，做平台的搭建者。基于政府的参与与资金投入，专业的管理团队，各利益相关方的积极参与，职业院校与政府、行业、企业、中小学校密切合作、建设区域性的职业启蒙教育基地或中心；依托平台，开展长期性的职业启蒙教育项目。

第四，做启蒙项目的开拓者。职业院校通过开展职业反哺日、职业活动周等活动的形式，组织青少年进入职业院校、企业一线等进行职业体验，中小学生在各种职业的实训、体验中，在企业一线的感受感悟中，与各种职业密切接触的过程中，增强学生的职业直观感悟与体验。

总之，无论选择何种战略路径，都要深刻领会职业启蒙教育是一项系统性的、面向未来的社会工程。职业院校的参与是职业教育发挥社会服务功能，提高办学水平，提升社会地位与影响力的重要举措。在推进职业启蒙教育的具体实践中，职业院校需进行科学的评估，准确定位战略目标，制订相应的行动方案统领全局，凝聚多方力量，优化整合资源，最终实现现代职业教育体系的健康发展。

三、基于共生理论的职业启蒙教育共同体实践探索

杭州职业技术学院立足于学校优质资源、场地条件和充分发挥学校各院系的专业优势，以公益为基础，以产业为核心，联合政府部门、在杭职业院校、中小学校、行业企业，打造职业启蒙教育共同体，成立青少年职业体验联盟，通过共同愿景、共构组织、共享资源、共研理论、共建基地、共育师资、共定课程，已经形成了独具特色的多主体共生模式，实现让青少年儿童通过动手动脑，做中想，想中学，学中做，互动体验式感受职业教育，在成长过程中构筑人生梦想。已对杭州市2000多名中小学生开展职业体验，体验人次15000多人，杭州市源清中学、杭州白马湖学校、杭州明珠实验学校、天地实验小学等多所中小学开展职业体验，获评省学农基地、省职业体验基地、市中小学研学旅行基地。

1.创新机制：构建职业启蒙教育共同体

坚持公益性原则，杭州职业技术学院联合政府部门、在杭职业院校、整合省特检院、航空航天企业、军工企业、机器人小镇等主流行业企业，基于破除青少年因缺乏职业认知和职业方向，导致对职业不感兴趣、没有作为现象这一共同的意愿，打造了职业启蒙教育共同体。以公益为基础，以产业为核心，以效率为目标，坚持学校主导，媒体造势，企业运作，促进"产业融合、校企合作"联动发展，加强联动载体建设，围绕服务杭州、服务杭州教育、普及推广职业教育理念。

（1）组织架构。

依托职业启蒙教育共同体，成立青少年职业启蒙"杭州联盟"，制定联盟《章程》。对接国家职业教育发展理念，科学规划联盟的建设和发展方向，每年召开联盟理事会和年会，研讨和推进联盟工作任务。建立长效运行机制，实施对联

盟成员单位职业体验项目运行的管理和考核。共同明确开展职业启蒙教育主要内容，包括职业认知、职业体验、生活教育、职业生涯规划、就业咨询、研学旅行等。建设联盟网页和微信公众号等宣传平台，及时发布各类信息，加强联盟成员之间的信息互通，加大与社会、学校、家长、学生的互动。

（2）明确职责。

明确各联盟成员的职责，其中政府部门职责为整合博物馆、科技馆、公园等公共文化场馆；积极在政策和资金上给予支持。行业企业职责为开发新兴产业和科技发展类职业体验项目；开放企业生产流水线；提供岗位操作体验；开设与企业技术技能大师面对面等活动。中小学校职责为将职业体验教育纳入学校的教育目标，促使职业体验项目实施的制度化、规范化和系统化。在杭职业院校职责为开发体现各自学校特色和专业特点，融"操作性、趣味性、职业性"于一体的职业体验基地和职业体验课程。

2.理论引领：创新建设职业生涯规划与发展指导中心

以破解"职业成长"难题、服务青少年职业生涯规划与发展为宗旨，建设职业生涯规划与发展指导中心，聘请职业生涯规划专家、职教研究专家、职业心理研究专家、人力资源管理专家、各职业启蒙项目和课程负责人等作为中心成员，打造一支学科交叉、优势互补的高水平职业生涯规划、发展研究与指导团队。开展"人职匹配"理论研究，构建从职业启蒙、职业体验、职业规划、职业教育、职后培训全链条的职业生涯规划与发展指导体系。

3.资源集聚：创建青少年职业启蒙教育中心

（1）建立创建"公益性、实践性、开放性、共享性"于一体的青少年职业启蒙教育中心。

紧扣杭州重点打造的"1+6"产业集群和未来科技发展，融合职业启蒙"杭州联盟"成员单位资源，以"新"品位、"新"时尚、"新"元素、"新"观念、"新"文化、"新"视野、"新"角度、"新"媒体的全新理念共同建设和打造以职业辅导、实践体验、能力训练三位一体，集"公益性、实践性、开放性、共享性"于一体的青少年职业启蒙教育中心，围绕信息经济集群，联合eBay、跨贸小镇、安恒信息等建立电子商务、信息安全与管理体验教育基地；围绕文化创意产业，联合杭州动漫节展办、杭州动漫游戏协会、翻翻动漫、墨匠以及虹越花卉等单位共建动漫游戏、花卉园艺体验教育基地；围绕旅游休闲产业，依托全国跨境电商综试区职教集团，联合中国国旅、浙江中青旅、国博等建设一批旅游休闲体验实践基地；围绕健康产业，联合彩虹鱼康复护理院建设急救护理、养生保健等体验中心；围绕杭州时尚产业，联合达利国际、桐乡濮院毛衫小镇、杭州艺尚小镇等建设一批服饰品设计制作、真丝绘画等体验基地；围绕高端装备产业，联合中国航天科技集团、浙江特种设备检验研究院、友嘉集团、吉利汽车集团等，共建电梯安全、机器人、3D打印、新能源汽车等体验教育基地。依托西泠印社和浙乡非遗馆，建非物质文化遗产体验基地。

（2）完善"开放共享"的基地运行机制。

一是建章立制。联合联盟合作单位，制定《青少年职业启蒙教育基地运行管理实施办法》《职业启蒙基地资源开放共享实施办法》等管理运行制度，建立共建共管、开放融合的职业启蒙和实践教育运行机制。二是数字赋能管理。建设公开、公平、高效的职业启蒙教育网络信息平台，搭建基地门户网站和办公自动化系统。利用门户网站及时公布基地资源和开放时间，接受网上预订、网上监控、网上评价、网上交流等，提供全方位在线服务功能，保证职业启蒙教育安排的公开、公平、公正。实时更新数字课程资源，发布职业体验信息，为职业院校和中小学管理人员、家长和学生等提供系统规范的体验项目、课程介绍、职业生涯规划、就业指导和研学计划等综合信息服务。

4.个性对接：开发"菜单式"职业启蒙课程

在青少年"职业教育反哺基础教育"项目建设过程中，配合新课程计划，结合浙江省中小学义务教育综合实践活动教学指导纲要、浙江省普通高中综合实践活动教学指导纲要、浙江省义务教育小学"劳动与技术"学科教学规范、浙江省编小学劳动与技术新教材主要精粹，让青少年儿童通过动手动脑，做中想，想中学，学中做，互动体验式感受职业教育，在成长过程中构筑人生梦想。

根据小学、初中、高中三个阶段的学生个体认知水平、职业了解程度、职业探索能力等，开发与相应年龄阶段学生需求和身心水平相适应的职业启蒙教育课程：小学阶段以"职业启蒙"为主导，初中阶段注重"技能体验"，高中阶段以"职业探究"为主。形成"小学以参观和模拟为主、中学以职场体验为主、高中以职场见习为主"的，服务多元职业体验需求的"菜单式"职业启蒙课程体系，从职业启蒙、职业认知到职业规划渐进展开，相互衔接，形成体系，实现从职业感知、职业兴趣、职业认知、职业分工、职业理想、职业指导等层面逐步递进发展的教育目标。

共同开发职业体验类、科学探索类、文化艺术类、生活技能类、紧急救护类等10个系列的500门职业启蒙课程，课程设计贴近生活，趣味性、操作性、职业性强，成果可"视"，注重角色扮演和情景体验，让中小学生了解职业知识，感受职业文化。一是职业体验类课程，与达利国际、友嘉集团、吉利汽车集团、翻翻动漫等企业共同开发"个性化T恤绘制""智能制造机床奥妙""动漫面具制作""编程小能手""小小汽车检验师""创意软陶泥车模制作"等课程。二是科技探索类课程，与科技企业、科技馆等共同开发"无人机飞行体验""3D打印""激光切割机制作工艺品""神奇算法实现""机器人认知体验之旅"等课程。三是文化艺术类课程，包括"闻香品茗""花卉园艺""有效沟通""舞蹈形体"等课程。四是生活技能类课程，包括"海报制作""快乐网购""焙烤制作""食品快检""家庭网络安全""个人网页制作"等课程。五是安全救护类课程，开发"电梯困人逃生""心肺复苏"等课程。

5.拓展体验项目：开发研学旅行路线

在依托联盟的基础上，开发爱国主义教育、改革开放伟大成就、产业发展和未来科技等多个主题的20条研学旅行线路，通过组织学生集体旅行、集中食宿方式，开展研究性学习和旅行体验相结合的职业启蒙教育活动，推动学校教育与校外体验学习和实践教育衔接，甚至依托国家精准扶贫、乡村振兴战略，培育践行社会主义核心价值观，激发中小学生对党、对国家、对人民的热爱之情；引导中小学生主动适应社会，促进书本知识、生活实践和职业认知体验的全面融合。满足新时代学生素质教育、全面发展的需求，帮助学生从小培养文明旅游意识，养成文明旅游行为习惯；帮助学生树立正确的职业价值观，培养创新意识和工匠精神，培育德智体美劳全面发展的中国特色社会主义事业合格建设者和接班人。

在共生理论指导下，构建职业启蒙教育共同体，通过构建利益共享机制，职业启蒙教育共同体内各共生单元各自明确其角色定位。其中高职院校不仅承担人才培养任务，还应通过自己的教育资源、师资力量等优势凸显社会服务职能，是系统中的核心共生单元；政府、高校、社会提供共生支持，营造良好的共生环境。

学校开展基于共生理论的职业启蒙教育共同体实践探索，在服务区域中小学职业启蒙教育的同时，对学校自身发展起到了推动作用。

（1）参与职业启蒙教育的青少年学生在真实体验中开启职业心智。

通过职业体验教育，让青少年学生了解到职业教育的专业特色，增长了知识和技能，开拓了职业眼界。在听、看、摸、操作、提问的过程中，大量接触到普通学校和课堂难以涉及的真实生产环节、生产过程和生产规范，提高了青少年对真实生产过程的感性认知和个人兴趣。青少年学生通过动手动脑，做中想，想中学，学中做，互动体验式感受职业教育的魅力。

（2）学校的高职学生在志愿服务中提升职业素养和综合能力。

职业体验活动给了高职学生充分展示自己才能的机会，他们主动参与，提升了自信心，增强了合作互助、独立自主、勤思考勤动手的能力；职业体验活动接待及展示也锻炼了一批学生专业骨干，培养了学生干部，展示了志愿者的服务风采，充分锻炼了学生社会实践的能力，提升了他们的责任意识，达到了课堂教学中难以达到的教育效果。

（3）学校教师在反哺实践中锤炼课程研发能力和教学能力。

通过开发与指导相应的职业体验课程，教师的课程开发与改革的能力得到明显提升；通过教学活动，教师的社会责任感和职业信念得到加强；通过与中小学生的沟通，充分了解他们的学习、心理现状，教师能进一步掌握高职学生的学情，有助于今后自身的教学和学生管理。同时，也有效提升了中小学教师的职业教育意识和职业指导能力。

（4）学校在服务社会中拓展了专业品牌和社会影响力。

学校通过在教学楼、实训室等主要活动场所张贴活动项目介绍、职业文化和活动流程等图文并茂的宣传资料，营造浓郁生动的职业实践氛围，扩大了学校的专业影响力和社会知名度。更让学校的优质教学资源辐射社会，实现了高职教育对基础教育的反哺，以职业启蒙教育充实了中小学生的素质教育，促进了高职教育与基础教育的有效衔接。

第四章

职业院校青少年职业启蒙教育共生资源建设

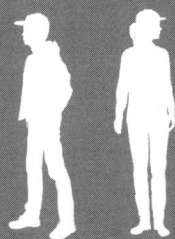

职业院校青少年职业启蒙教育是个系统性工程，是对青少年对学校和社会的关系、学习和职业的关系正确认知的教育。职业院校要充分发掘、运用、建设包含课程、教师、政府、企业、行业协会等在内职业院校青少年职业启蒙教育共生资源，把职业启蒙教育纳入人才培养的重要方面。构建包含资源、标准、内容、路径到评价的较完整的青少年职业启蒙教育课程体系、资源和保障体系，从而真正实现职业教育人才培养工作在满足青少年个体全面发展需要和满足社会发展需求之间的有机结合。本章主要从课程体系、基地建设、保障体系三个方面讨论职业院校青少年职业启蒙教育共生资源建设。

第一节　职业院校青少年职业启蒙教育课程体系

青少年职业启蒙教育课程指的是对象上面向青少年（中小学生）开展的、由众多以职业细类为单元针对某一职业的启蒙教育模块课程组成的，内容上涵盖各类不同职业的职业启蒙教育课程的总和，是一个完整的职业启蒙教育课程体系。课程以推进社会主义核心价值观教育为中心，通过"专题设计、任务驱动；创设环境、职业体验；学生主体、教师引领；启发感悟、德技并修"等方法，培养学生知行合一的实践力。其目的是使青少年在充分了解职业启蒙教育课程内容的基础上，进一步掌握专业知识、技能以及教学质量体系、评价考核标准等，建立"以'国家职业标准'为依据，以'专项技能'为基础的培训规范体系"，提升广大青少年的工匠精神、劳动精神、思想政治素养，培养广大青少年的职业兴趣和专业职业素养，为培养出更多高素质技能型人才打下坚实的基础、为青少年职业生涯规划提供探索和实践平台。

2006 年，我国第一套适用于小学、分年级的职业启蒙教育教材《职业启蒙教育课程教材读本》在上海市平利路第一小学开发使用，成为全国首创，填补了中国职业启蒙教育领域的一个空白。2018 年，北京市东城区让全区大部分小学的小学生广泛参与职业启蒙课程学习，积极组织开发出关于职业启蒙教育主题课程达300 门以上，产生了较大的影响。从职业院校青少年职业启蒙教育课程体系建设而言，是以新时代"工匠精神"为引领，塑造大劳动观，并有效融入职业教育课程思政，包含了职业启蒙教育课程开发、课程实施和课程评价的全过程。

一、职业启蒙教育课程开发

职业启蒙教育课程开发既包括职业启蒙教育模块课程名称的确定、课程目标的确定、课程内容的选择和组织、课程的实施和课程评价，也包括基于具体职业的启蒙课程建设、建立在职业分类基础上的职业小类、职业中类乃至职业大类的职业启蒙教育课程标准和课程体系的构建。通过完整的课程开发过程，能够形成一系列说明职业启蒙教育课程的目标、内容、课程实施教学设计和要求，以及课程评价方式等内容的比较完整的模块课程方案，若干模块课程组成涵盖各类不同职业的课程体系。

1.课程命名

课程开发过程中，课程名称的确定是首先需要思考的问题。与课程名称的确定直接相关联的是对职业启蒙教育课程"宽度"或"范围"的理解，即多大范围的内容最适合作为一门课程。目前的实践中，一门职业启蒙教育课程的"范围"是几种情况并存的，有包含一项职业素养，有包含一个职业任务，也有包含一个职业。以部分职业启蒙教育开展比较成熟的职业院校为例，其职业启蒙教育课程目录整体根据课程类型及学科分为：职业体验、科学探索、文化艺术、生活技能、紧急救护、手工绘画、非遗文化、电子科技、生物奥秘、美食制作、工艺化学、健康素质等共十三个大类。分析这些已开设职业启蒙教育课程目录发现，有的课程将一个职业技能为命名，如"汽车日常检查""汽车行驶中应急处理方法"；有的以某一个职业为命名，如"小小助产师""形象设计（美容美发美甲）"；也有的根据产品的制作技法不同来命名课程，如"花样餐巾制作""DIY瓷砖设计""艺术插花制作"等。

目前，职业启蒙教育课程是以"职业体验"形式，与考察探究、社会服务、设计制作并列作为国家课程——综合实践活动课程的一种活动方式，在综合实践活动课程中的名称是以"主题"来命名，而"主题"的来源广泛，也并无大小宽窄限制。因此，职业启蒙教育课程的命名应基于以下三个原则来进行。第一，坚持课程命名精准性。考虑职业启蒙教育课程自身的规律特点，根据《中华人民共和国职业分类大典》，从符合职业逻辑视角进行精准命名。第二，坚持课程命名多样化。兼顾中小学生的年龄特点，采用适当的表述形式，避免命名过于严肃、抽象、单一，注重通过命名增强对受众的吸引力。第三，坚持课程命名系统性。避免课程命名得过于散乱，根据本校的核心专业或专业群圈定所对应的职业，根据这些职业可能归属于不同的职业小类、中类、大类，从充分发挥学校专业优势角度对这些分属不同类的职业进行梳理汇总，打造突出具体院校实际特点的职业启蒙教育课程特色系统性命名。

2.课程目标

课程开发过程中，课程目标的确定是最为关键的，因为后续的其他步骤都是围绕目标展开的。从一些发达国家的青少年职业启蒙教育课程目标来看，基本都形成了较完整的青少年职业启蒙教育课程目标体系。例如，美国小学职业启蒙教育课程目标是生涯教育目标的基础，以 K-12 教育模式最为典型。将小学、初中、高中的职业启蒙教育目标分别定位为职业了解、职业探索和职业抉择。小学阶段的职业启蒙教育目标是职业了解，即以职业认识为主要任务，包括自我认识，意在了解健康的自我概念和意义，掌握沟通技巧等；教育和职业探索，旨在让学生认识工作和学习的关系，个人责任和良好工作习惯的重要性；职业规划强调把握职业差异和关系，学会做抉择和规划。英国的职业启蒙教育目标从低年级到高年级难度依次增加，注重儿童的自我发展，培养儿童就业创业能力。新西兰同样在小学设立能力培养目标，包括社会参与和贡献能力、交往能力、思考能力等。德国以职业启蒙课程的形式来开展职业启蒙教育，融入小学课程体系中，注重产业化的合作，课程的内容偏向生活化，既有宏观方面的如经济类，又有与个人的家庭有关联的如家政服务类。小学还开发建有职业启蒙教育网站，囊括各行各业的启蒙信息，为学生提供个别化指导。日本的各地区各学校以"能力培养"为基础来制定职业启蒙教育目标，要求学生拥有社会自立和职业自立的社会基础通用能力。韩国也已经在小学阶段引进职业启蒙教育，教育目的是激发小学生的兴趣，帮助学生对职业的类别、特征等有一个初步的认知和了解，以便激励学生畅想自己未来的职业和职业生涯，保持一个正确的职业态度。

在我国，与职业教育课程相比，面向中小学生的职业启蒙教育的目标内涵更加丰富，职业启蒙教育课程在内容上不仅包括认识职业，也包括引导学生认识自我。课程目标的设置需要紧紧围绕着"职业"和"启蒙"这两个关键词来展开，结合具体职业内容，确定课程目标。"职业"包含了课程目标的内容特征，"启蒙"则包含了对课程目标的要求维度。

从内容特征方面来说，"职业"突出了课程类型性质，意味着它区别于一般的学科课程，决定了课程目标以及后续的课程内容、课程实施和课程评价都要围绕"职业"这一特征，体现和渗透职业的要素，展现一个职业区别于其他职业的工作任务、职业知识和技能、职业道德、职业环境等。因此，职业启蒙教育课程的目标应包括：职业认知，使学生全面客观认识一项职业或使用一项职业技能的工作任务、技能知识、相应社会价值、工作环境等基本信息。自我认知，使学生形成一定关于自身特点与具体职业或职业技能关联的认知。态度和情感上，形成尊重职业、认识职业的价值观念。

从课程目标的要求维度来说，职业启蒙教育在教育对象上应涵盖全体青少年，"启蒙"要求我们不应过分强调青少年掌握职业知识的多少、职业技能的标准化和熟练化程度。使青少年通过体验了解从事该职业所需要的知识和品质，萌生对职业的初步兴趣，对自己今后是否适合从事该职业做出初步判断，并为今后从事该职业做好学业准备和规划。但不是为了使学生过早地定性及分流。最后，"启蒙"是为了学生未来的发展，不论是通过职业启蒙教育使学生在认知、能力上有所提升，还是为学生未来的职业生涯打下基础，本质上都是为了促进学生的未来发展。

因此，青少年职业启蒙教育课程的目标实际上可以引用课程教学中"课程思政"的概念。学生在学校不仅要学习仰望星空、登高眺远、畅想未来壮怀激烈的思政课程，要感悟脚踏实地、千里之行始于足下的课程思政，课程思政是教书与育人的高度契合，教书是育人的手段，育人是教书的目的。人生两件事：做事和做人，做事是谋生的本领技能，做人是活着的价值意义，懂做人比懂做事更重要。不仅学校全体教师要学高为师，身正为范；爱国守法，爱岗敬业；关爱学生，诲人不倦；团结协作，刻苦钻研。通过学校所有员工，包括校卫、宿管、厨师、保洁等人员的敬业精神，都能让青少年明白岗岗彰显"使命梦想"、行行感悟"人生哲理"。培养中小学生严谨细致、精益求精和对高质量追求的工匠精神；使中小学生认识到每种职业的价值和劳动的伟大，使之养成劳动的意识；在职业启蒙课程中进行思政融入、开展好思政教育；进行非遗文化研学和中华优秀传统文化传承，都可以作为职业启蒙教育课程的目标之一。

以汽车技术检测职业启蒙教育课程为例，课程目标可以包括：

（1）了解汽车技术检测员的工作环境，了解常用的汽车技术检测方法，理解汽车技术检测的意义。

（2）通过观察汽车技术检测实训室中的设施，了解汽车技术检测相关的知识；动手体验汽车技术检测的操作，了解汽车技术检测员的工作职责和工作内容。

（3）初步具备几种常用汽车技术检测操作技能，理解检测原理，增强车辆质量意识，树立安全意识，养成对产品质量负责的责任意识、担当精神和精益求精的工匠精神，在体验过程中养成热爱动手的习惯和劳动意识。

（4）了解汽车技术文化，养成对汽车科学技术和汽车文化的热爱之情，进一步增强文化自信。

（5）了解汽车技术检测员所需要的职业素养，根据自身兴趣和特长，增强学业规划、生涯规划和职业选择的能力。

3.课程内容

在课程内容的选择上，需要职业院校从职业大类出发，结合学校所开设的专业与青少年兴趣，明确职业体验领域，选择能够反映工作领域特点的职业岗位；基于职业体验岗位与青少年的学科知识结构，将专业知识与技能进行提炼、设计职业启蒙教育课程内容；根据不同青少年的年龄和身心发展的特点，分年级与分模块进行课程内容组织，体现出一定的连续性与层次性，构建主题化、模块化职业体验课程内容。应注意与青少年职业体验课程确定的目标保持一致的是，课程内容的选择应来自职业认知、自我认知或态度和情感的养成。

从职业认知方面考虑，课程内容选择的要素主要包括岗位、职责和工艺。其中，职责是组织规定的或约定俗成的工作任务，是构成职业的工作内容，决定着职业的性质和种类。而完成工作职责除了包括工艺外，还包括职业知识、工作对象、工作工具等要素。因此，以职业认知为侧重点的职业启蒙教育的课程内容，应包括岗位工作内容、职业知识和技能、职业素质、工作对象、工具、态度和行为品质，帮助体验者建立详细、直观地对某职业的认知。

从自我认知方面考虑，课程内容选择的要素主要包括某项具体工作任务或技术操作体验的要求、步骤、方法和分工。其中，任务操作要求是对完成所达到状态的具体描述，步骤方法是对具体操作方式的详细指引，分工是对不同工作内容所需工作状态或品质侧重点的分析描述。因此，以自我认知为侧重点的职业启蒙教育的课程内容，应包括具体工作任务或技术操作体验的要求、步骤、方法，各项工作内容所需品质以及该工作任务对不同类型能力的提升和锻炼作用，帮助体验者通过工作任务体验进行行为品质的自我认知和探索。

从态度和情感的养成方面考虑，课程内容选择的要素主要包括职业相关历史、红色文化、传统文化、非遗文化以及工匠精神、劳动精神等。注重历史、精神、文化的认知、体验和熏陶，促进正确态度和情感的养成。在各个领域、各个行业所取得的重大成就都是我们的制度优势、文化优势的伟大彰显。如中国5G、中国高铁、中国光伏、中国大飞机、中国路桥、中国新能源汽车、中国粮食安全等，他们的重要地位及其特征、已经取得的重大成就、发展潜力与成长空间、从业人员的梦想使命，都可以激发青少年的职业理想。观看电视专题纪录片《大国制造》《大国工程》《大国路桥》《大国工匠》等，或者阅读相关领域卓越人才的人物传记，如《钱学森传》《袁隆平传》《詹天佑传》《李四光传》《徐悲鸿传》《冼星海传》《华罗庚传》等；学习中国商飞首席钳工胡双钱、火箭"心脏"焊接人高凤林、錾刻大师孟剑锋、沪东中华造船焊工张冬伟、青岛四方机车宁允展、"中宣"纸业周东红、港珠澳大桥钳工管延安、"两丝"钳工顾秋亮等。这些大国工匠的卓越代表的故事，可以激发青少年的创新精神、协作精神、工匠精神、奉献精神、家国情怀，培养青少年对相关岗位（职业）使命感、荣誉感；确立相关岗位（职业）成才目标、学习楷模。因此，以态度和情感的养成为侧重点的职业启蒙教育的课程内容，应包括工匠精神、劳动精神、思政融入、非遗文化研学以及职业领域杰出人才等职业文化认知和体验内容，帮助体验者通过文化体验形成工匠精神、正确劳动观念和良好的职业态度、职业道德。

在课程内容的组织上，需要将所选择的课程内容按照一定的逻辑组织起来。

如何组织需要遵循"职业活动逻辑"，即通过职业分析获取职业的工作职责或任务领域，通过代表性的工作任务或任务领域来组织课程内容，既是体现职业的典型特征，同时也具有"可操作性"，符合职业启蒙教育"体验性"的教学类型特点。例如，食品安全快速检测技术是食品安全保障的重要支撑，近年来发展迅速。因其检测速度快，操作方便，价格低廉，在农产品验收、食品企业的原料控制、大型活动餐饮保障以及市场监督管理部门的物流、大型商场超市和农贸市场的食品安全管理方面广泛应用，尤其是在蔬菜、水果、畜禽等生鲜柜台的农副产品的安全管理的主要手段。因此，可以从背景知识、检测设备和检测原理、检测操作步骤、检测员的光荣使命四个大的领域组织课程内容，再进一步具体分析，通过职业体验将体验式学习与职业生活情境联系起来，让学生置身食品安全快速检测职业活动相关的情境之中，让其全身心地参与到快检职业性的实践活动中来，使其获得相应的真切认知与情感体悟，从而加深对自我世界、生活世界、职业世界和社会发展的理解，并将这样的理解与其自身的未来相联系。为以后职业规划打下基础。同时，开阔视野，了解国情，认识社会，增长才干，厚植爱国情怀，培养社会责任感。

二、职业启蒙教育课程实施

关于课程的实施，需要注重情境体验性、课堂饱满性和活动开放性。情境体验性，是指应在接近真实的工作场景中，提供工具和原材料，避免脱离场景的空洞说教，如甜品烘焙职业启蒙教育课程的实施在厨房或者学校模拟烘焙房中效果会更好，能让学生更真切体会到工作场景中应该如何处理好各类食品原料。另外，以学生的深度参与、亲身体验为主，只有动手去操作，各种感官才能得以调动，才能更深切体会职业的价值、职业道德和职业素养等，例如学生只有真正去体验中食品检测员的检测工作，才能体会到检测员职业所要求具备的细致、严谨和一丝不苟的精神，才能认识到检测员必须具有的"能对数据负责，敢对数据负责"的扎实专业技能、不懈的质量追求和勇于担当的职业品质。课堂饱满性，是指在课程实施准备中充分体现在课前教师的教学设计、为学生的体验提供情景以及学习资源等；意味着教师应充分尊重和留意学生在体验职业活动过程中所提出的问题、所表达的感受等，这要求教师应在课程实施过程中或结束时通过小组讨论、班级交流等方式给学生提供机会来表达、分享和交流，同时对这些生成资源予以归纳、升华，丰富后续课程资源。活动开放性，指的是体验过程和体验结论的开放性。任何职业活动都有其特定的流程和技术，其决定了一定程度上职业启蒙教育课程具有专业性和严肃性。但这不应该给体验者带来过高的神秘感，而应接受体验者的好奇心。例如，可以邀请职业从业者谈自己的感受或者现场接受中小学生采访的方式，如"你是怎么当上这个岗位的""你为什么选择这个职业""你从事这项工作最大的乐趣是什么"或其他学生们所感兴趣的问题，也可以利用网络资源为学生提供该职业领域的劳模、大国工匠等视频片段；同时，职业启蒙主要通过中小学生动手体验的方式进行，而每个人的体验是不同的，职业启蒙教育应该处理好知识的客观性和个人体验的主观性、开放性之间的关系，教师在对学生的感受、体会等进行总结时，不应过分追求答案的统一，更应鼓励体验的真实性、丰富性和深刻性。

关于课程实施的过程，根据职业启蒙教育课程目标，可以从职业体认、职业体验与职业体悟三个方面层层深入，通过三个阶段、四个环节进行课程实施。三个阶段即课程实施阶段分为课程实施前、课程实施中和课程实施后三个阶段；四个环节为具体实施环节，即激趣导入、情境体验、岗位体验、交流反思四个环节。课程实施前阶段的内容主要包括撰写形成课程实施步骤。课程实施中阶段的内容主要开展课程教学，按照"思考—行动—思考—行动"的循环进行体验学习，包含激趣导入、情境体验、岗位体验环节，青少年体验者经教师引导，开始职业体验与探索，然后再进行交流、反思、分享，在实践中学习知识，感悟知识，提升青少年解决实际问题的综合实践能力。课程实施后进行课后反馈，包含交流反思环节，帮助学生将职业体验所获得的经验和体会整合内化到已有职业认知结构中，使理论与实践知识相结合，获得全面的职业认知，实现职业启蒙的教育目标。

课程实施步骤应详细写明体验课程实施各步骤，并据此检查所需场地、仪器设备，必要时开展模拟操作，通知注意事项。开展课程教学应在根据课程实施步骤的基础上，根据课堂情况适时进行调整，不应完全脱离原计划步骤开展。课后反馈应在课程教学完成的基础上，与参与者充分沟通，获取参与者对课程的反馈以及参与感受等。并根据开展课程教学现场情况及课后反馈情况及时对课程实施步骤进行优化调整。

三、职业启蒙教育课程评价

职业院校职业启蒙教育课程评价是为了有效评估课程目标、课程实施情况以及效果与课程预期目标之间的差距，进一步优化课程设计内容与实施路径，增强与体验者之间的良好互动。

对于课程的评价，既要注重职业知识、技能等要素的客观性评价，同时要兼顾合作、沟通、情感、态度方面的主观性评价。对于学生职业知识和技能的评价要遵循科学性、客观性原则，依照职业标准进行客观评价，使体验学生真实了解自己的操作与掌握职业技能之间的差距；同时，学生职业体验过程中表现出来的通用技能，如活动中体现出来的组织、合作、沟通等能力予以引导、肯定和鼓励。

评价标准可以借鉴部分有经验的指标体系。可借鉴国内外关于职业成熟度和生涯准备度研究和实践开发适合青少年职业启蒙教育的评价指标，评价内容包括对学生的评价、教师的评价以及对课程本身的评价。以美国使用的生涯准备度指标为例，该指标作为连接教育和职场的重要桥梁，政府要求每个阶段学校都要为学生的未来职业准备做出一定贡献。多数研究从未来职场所需要的各种内在能力（Intrapersonal Competencies）和人际交往能力（Interpersonal Competencies）等能力角度界定和构建生涯准备度框架。高圣雅在《中学如何为学生未来的就业做准备？基于"经合组织职业生涯准备"项目的研究发现》一文中提出青少年在上中学时的九种与职业生涯有关的态度或经历，可能让他们在未来取得比具有同等学历、个人特征和社会经济背景的同龄人更好的就业结果，这些态度和经历称为"职业生涯准备指标"，包括"思考未来""探索未来""体验未来"。

在评价方式上，做好课程实施前的诊断性评价、职业启蒙教育课程结束时的过程性评价，以及年度或毕业等节点上学生职业成熟度的追踪评价。加强与中小学合作，全面多维评价职业启蒙教育课程实施效果，为课程的实施提供全方面反馈，同时也为中小学学生职业指导工作提供数据支撑。

在评价主体上，采取多元评价主体综合评价，将参与体验的青少年、职业启蒙教育教师和中小学教师都纳入评价主体，鼓励研学导师、学生、班主任以及家长等主体共同参与课程评价，使用个人自评、组内互评、小组间互评、教师评价等多方式评价相结合的方式。

总的来说，青少年职业启蒙教育课程体系是指职业院校对各种各类青少年职业启蒙教育课程资源的选择与组织，是实现青少年职业启蒙教育目标的基础和载体。职业院校青少年职业启蒙教育课程体系建设包含了职业启蒙教育课程开发、课程实施和课程评价的全过程，其建设的关键主要包含三方面：

第一，合理的课程组织，即包括课程内容的安排是合理的、每门课程内容之间结构组织合理。每门课程内容之间衔接有序、呈渐进性，符合认知规律，并以主题活动方式系统性组织研学课程内容，帮助学生由易到难、由简到繁、循序渐渐地学习与实践，获得一定的实践动手能力与问题解决能力。

第二，合理的课程内容，即选择的课程内容符合每个年龄阶段的学生的认知特点、知识水平、能力结构，内容上分年级分类别，促进跨领域、跨学科的研学课程与学校课程有机融合，培养学生的综合实践能力，满足学生个性化发展需求。

第三，合理的课程目标，体验课程设计要符合职业院校资源类型，紧密贴合职业启蒙教育课程目标的要求。目标既适合学生研究性学习循序渐进的实际需求，也契合学生的最近发展区，激发学习兴趣、获取科学知识。

第二节

职业院校职业体验研学基地建设

职业院校职业体验研学基地，主要是指依托职业院校的职业教育资源，立足于职业体验研学课程开发，能够为青少年、中小学生提供真实或仿真的工作场景，引导学生通过动手实践与亲身体验，逐步拓展职业认知领域、丰富职业知识、启发职业兴趣、树立劳动观念、培养实践创新能力，并具备优质职业体验研学课程、教学设施设备、专业研学导师团队与完善组织管理保障，服务青少年接受职业启蒙教育的实践平台。

职业启蒙教育的锻炼来自直观体验，建设实践内容丰富、功能齐全的研学基地非常必要。2014年8月，国务院《关于促进旅游业改革发展的若干意见》提出"支持各地依托自然和文化遗产资源、大型公共设施、知名院校、工矿企业、科研机构，建设一批研学旅行基地，逐步完善接待体系。"这是"研学基地"一词的首次提出。2019年2月中国旅行社协会发布的《研学旅行基地（营地）设施与服务规范》指出，"研学基地（营地）是指自身或周边拥有良好的餐饮住宿条件、必备的配套设施，具有独特的研学旅行资源、专业的运营团队、科学的管理制度以及完善的安全保障措施，能够为研学旅行过程中的学生提供良好的学习、实践、生活等活动的场所。"该规范对"研学基地"一词进行了更详细的阐述。

总体而言，目前我国对研学基地的研究尚处于起步阶段，官方和学界对研学基地的概念均没有明确的定义。在学术界，学者的研究对"研学基地"和"研学营地"的概念进行了区分，指出研学基地是具有研学课程资源和完善的接待服务设施、教育教学设施，服务中小学生、青少年研学实践教育活动的场所；研学营地是本身及周边具有研学课程资源和完善的接待服务设施、餐饮住宿设施、教育教学设施，服务中小学生、青少年研学旅行教育活动的场所。两者之间的区别主要体现在：一方面，在课程设置上存在差异，研学基地的课程设置依托对研学基地资源挖掘与设计，课程特色鲜明，课程数量根据基地状况而定；研学营地的课程设置则借助周边自然资源、自身资源、主办方要求，设置涵盖若干类型内容的课程资源包，规划出多个研学方案，固定课程的数量相对较少。另一方面，在功能设置上存在差异，研学基地不要求基地具备食宿接待设施功能；但研学营地必须具备接待一定规模提供参与者餐饮、住宿的设施功能。按照所提供的研学资源分类，研学基地或研学营地资源类型包括红色教育类、非遗传承类、军事训练类、亲近自然类、技能活动类、职业体验类等。

一、职业院校职业体验研学基地建设的意义

青少年参与职业启蒙教育研学实践活动需要场所，而职业院校职业体验研学基地正是为青少年学生开展研学实践活动提供研学场所、体验设施以及相应保障的地方，所以职业院校职业体验研学基地的建设对于青少年的发展具有极其重要的意义。

1.开阔青少年职业视野

杜威、陶行知都赞同一个观点，即"生活教育对教育的实质进行了诠释，就是将生活中的一切都当作是教育的内容，生活是教育的最终目的，两者互为一体"。职业启蒙教育研学实践活动就是一种不同于传统课堂的教育模式，就是要让学生走出抽象的书本世界、学科世界，回归生活的本质，让学生不再置身于传统的学校课堂中，而是处于一个新的学习情境中，能够不断进行自我反思，不断探索，在探索现实世界的同时，其复杂性能够激起学生的好奇与斗志，激励青少年在职业启蒙教育研学实践活动中发现问题，并用研学实践中学到的知识和自身已有的知识去解决问题，总结经验。因此，职业体验研学基地的建设就是要让学生开阔职业视野，通过走出书本世界，感受不同于校园生活的学习氛围，回归生活，感受真实职业活动，感受历史、感受时代的进步，感受多样化国际化的教育模式，了解未来的发展趋势，从而实现个人成长。

2.促进青少年全面发展

传统的学校课程往往过于理性而忽略了感性，往往过于重视理论而忽略了

实践的重要性，随着相关研究的逐渐深入，这种模式在适应现代化社会人的全面发展方面还有待提升。一个人的整体发展需要根据其自身的特点和所具有的发展观，实现各尽其才、全面发展。应尊重青少年差异、促进青少年全面发展。职业院校职业体验研学基地在课程的设置方面特有的价值就是能够将理论性的知识进行整合，将科学知识与生活知识有机融合，将操作指南与操作实践进行结合，将直接经验与间接经验进行融合，从而让青少年实现与他人、社会、自然和谐共处的心理状态，在此基础上实现知识的掌握、扩展以及运用。

3.倡导青少年知行合一

大卫·库伯的体验学习理论认为：首先，学习是一个过程而不是结果。其次，获得经验的方式有两种，一种是通过感知获得的，另一种是通过领悟获得的。感知是指将自身的感觉、情绪带到真实的环境中进行体验，充分运用已有的知识，通过体验、领悟获得经验。领悟则是需要学习者对环境进行充分的观察，缜密地思考，并合理地运用发散性思维将获得的外部经验内化成自身经验。最后，学习是创造知识的过程，而知识是在体验中被创造出来的。相比传统的理论知识的学习，职业体验研学教育主要强调的是探究性、体验性的学习，在实践中获得知识、经验，从而获得能力，在此基础上，运用已有的知识、经验再进行新的实践、展开新的探索，达到知行并进的目的。所以说，要想将获得的经验运用到新的实践活动中，就要求自身学会类比思考，将新旧环境进行比较，分析新旧环境共性与差异性，并根据环境的特点及时地调整状态，将自身已有的知识、经验进行的整合，以便更好地"顺应"新情境。职业院校职业体验研学基地的建设就是要让学生学会知识的转换，做到知行合一。

4.建构学生实践意识

相比于"传统"的学习方式，研学实践教育更注重于学习者自身对知识的构建，没有固定的教材和课程。职业启蒙教育研学实践活动的过程中，体验课程不再只是某一特定知识载体，而是师生之间共同探索新知识的过程。研学实践活动作为一项新兴的校外教育教学活动，其本身就具有不确定性和复杂性，课程的开发与设计中就考虑了灵活性、开放性，而不是固定不变的。作为职业院校研学基地中优秀的课程实施者，需要将这种复杂性与不确定性转化为丰富的课程资源。

因此，青少年作为研学实践教育活动的主体，在研学过程中逐渐建构了自身实践意识。也可以将研学实践教育比作是由师生共同讲述的"故事"，是师生间开放的、共同的、动态的实践体验。青少年研学实践教育基地在研学课程的开发、研学教育的实施以及活动内容的选择方面更加倡导灵活性与开放性，使青少年学生有充分的时间、空间去建构自己的逻辑体系。

二、职业院校职业体验研学基地建设思路

1.明确服务对象

职业体验研学基地是实现职业启蒙教育的平台，职业体验研学课程是建设职业体验研学基地的核心，不同年龄段青少年研学对象的身心特点与认知规律是开发职业体验研学课程的重要依据，所以，明确研学基地服务对象是职业院校职业体验研学基地建设思路中首先需要明确的。职业院校主要教学任务是培养企业行业生产一线或服务领域的高技术技能人才，但具体定位有所不同。例如，高职院校的专业课程资源中的职业知识与职业技能相对于中职院校或本科院校而言，具有更强的适应性，能够满足小学至初中到高中阶段青少年的知识结构与认知特点。中职学校则能够很好地契合小学、初中青少年的心理偏好。同时，职业院校能够充分利用丰富学生资源，能够培训选拔出具备良好职业能力与综合素质的优秀学生担任职业体验研学活动助理，辅助研学导师指导小学、初中、高中阶段的学生开展职业启蒙教育，能有效缓解基地研学导师不足的问题。中职学生与小学高年级和初中低年级的学生年龄差距不大，对新事物具有相似的心理认知结构与认知特点且拥有不同专业方向的职业知识与职业技能。高职学生有丰富的学生活动和志愿服务活动组织和参与经验，能够很好地为参与研学的青少年提供指导和服务。此外，中职学校的生源以初中毕业生为主，高职院校的生源以普通高中、中职学校毕业生为主。接待青少年开展职业体验活动有助于青少年学生探寻适合自己的未来升学方向与职业生涯规划，满足差异化的教育需求，提升教育发展质量，优化教育资源结构。因此，应明确职业院校职业体验研学基地的服务对象：例如高职院校职业体验研学基地服务对象主要面向小学至高中阶段青少年研学团体，中职学校职业体验研学基地服务对象主要面向小学阶段与初中阶段的青少年研学团体。

2. 多元主体联动建设

职业体验研学基地建设中的多元主体联动是国内外研学基地建设中可借鉴的优秀经验，也是当前实际建设过程中遇到的需解决的实际问题。因此，需要构建以职业院校为主导、政府、中小学校、行业、企业多元主体联动参与、共建、共管、共享的职业体验研学基地建设思路。在职业院校建设职业体验研学基地过程中，政府层面的政策设计及监督保障作用"不可或缺"，国家法律和政策虽然对研学教育与职业启蒙教育做出了顶层设计，但仍需出台具有指导力的文件，协调相关企业、各中小学和职业院校等多主体的利益方关系，保障多元主体协作、支持、配合，形成联动，共同建设职业体验研学基地，为职业院校参与研学基地建设提供明确的路径和方向。发挥职业院校与行业企业长期合作的友好关系，根据行业、企业中蕴藏职业体验研学基地建设所需的先进生产设备与真实职业情境，协调行业企业参与到职业体验研学基地建设中来，更好地满足中小学和青少年职业启蒙教育的资源需求和目标诉求。

3. 创新资源共享机制

职业体验研学基地建设中能够在校际和校企之间实现师资、设备和课程共享，减少成本投入，优势互补，从一定程度上能推进职业体验研学基地的建设进程。在各级政府政策推动下，建立健全中小学、行业、企业参与职业体验研学基地建设的联动协同机制，实现优质职业教育资源在区域内共建共享，共同开发区域特色研学教育资源，满足不同地区、城乡之间研学需求，以职业院校为主导建设职业体验研学基地，进行区域内优质职业教育资源优化整合，为实现中小学落实职业启蒙教育提供新的突破口。因此，在政府出台的政策推动下，以区域内品牌职业院校为主导，联合政府、中小学、行业、企业多元主体共同建设职业体验研学基地，统筹中小学、行业、企业真实生产环境和人才资源，从组织机构、体验课程、师资团队建设与保障措施支持等多个方面完善基地建设内容，构建政行企校共建、共管、共享的运行机制，充分利用职业院校的实训设施、特色课程资源、师资力量等优势资源，实现区域职业教育资源共享，有利于达成落实职业启蒙教育与推动全链条的职业规划与生涯发展指导体系。除了区域职业启蒙教育资源共享外，未来应该在更广泛的层面探索共享机制。还应建立职业启蒙教育资源共享的保障机制。通过一整套制度保障体系和信息架构保障职业启蒙教育资源共享，可从信息交流平台建设、资金经费保障、参与者权益保护等方面入手建立具有开放性和动态平衡性的保障机制。应建立创新职业启蒙教育资源共享的参与质量评价体系，通过以学生参与效果为中心系统和宏观地设计评价体系，寻找更多未曾发掘的青少年需求，自下而上、由内到外地评估资源共享参与质量，创新传统型评估。

三、职业院校职业体验研学基地的组织管理机构

职业院校职业体验研学基地的组织机构、管理机构是职业院校职业体验研学基地的组织基础，是整合整个基地较大规模的人、财、物等资源的指挥中枢。结构合理的组织管理机构是保证工作效率与工作质量的前提，是提升职业院校职业体验研学基地服务能力的客观需求。作为职业院校教育体系的一部分，职业院校职业体验研学基地在建设发展过程中要将组织管理机构进行科学定位、合理设置分工，推进改革创新，制定职业体验研学内容。

1.岗位职责

帕森斯认为"权利的结构来源从根本上反映了劳动分工和不同部门、团队和群体中的成员关系。几乎任何特定条件要素，都可能成为组织中权利的来源"。从职业体验研学基地权力与职责的关系来说，权力与职责是相辅相成的，有权力就有职责。换句话说，基地的组织管理权力可以改变个人或团体行为，即基地的组织管理是引起相关他人或团体采取与原来不同的行为的力量。职业院校职业体验研学基地的管理以"权力"的合理配置与运行为核心，是内部权力在各个不同利益群体之间进行分配并产生相互的权力作用关系，是各个管理主体之间的权力配置模式。责任与权力具有一致性和对应性，权力越大责任也越大。职业院校职业体验研学基地的组织管理权力来自学校顶层决策者对职能部门和二级院系的各类工作岗位人员的职责授权。

职业院校职业体验研学基地的岗位职责，是指基地每一位任职者为履行一定的组织职能或完成工作使命，所负责的范围和承担的一系列工作任务，以及完成这些工作任务所需承担的相应责任。具体内容包括以下三点。

（1）根据工作任务的需要确立工作岗位的名称及数量，如根据职业院校职业

体验研学基地的工作任务，工作岗位大致可以分为管理类、体验教学类、保障类和宣传拓展类。

（2）根据岗位工种确定岗位职务范围，如根据工种性质确定岗位使用的设备、工具、工作质量和效率。

（3）根据岗位的性质，明确岗位环境和确定岗位任职资格；明确实现岗位目标的责任，确定各个岗位之间的相互关系。

为明确职责，需要用责任清单的制度予以确定，明确每个职能部门对应的职责事项，便于对职责的评估并激励、督促。不同岗位的人员都把责任清单内的职责做好就是对自己能力和绩效的反映。为规范权力使用，也需要通过一定制度对权力划定"限制范围"和效率规定，让权力在相关规定的范围内行使并达到一定的标准。

2.组织管理方法

职业院校职业体验研学基地建设的组织管理需要一个高效的流程管理。流程管理不是一个标准操作程序，或者是一个简单的流程图，就可以轻松地解决或处理所有问题，而是必须通过组织决策机构、职能管理层及执行层不断摸索、不断提炼得出的，是带有组织个性化的管理思路。高效的流程管理应该是科学的、合理可持续的流程或步骤，应该包括以下几个环节：

第一，信息收集。只有收集到准确和详细的信息，组织的流程优化和设计的实施者才能够充分认识类似组织的原有流程，了解原有流程的现状，发现原有流程中存在的问题，从而为今后工作的展开奠定良好的基础。所以，组织在识别原有流程时，首先要收集大量的关于原有流程的信息。

第二，诊断设计。根据类似组织管理运行中出现的问题征兆，提出治理的目标和客观存在的问题，以实际调查和问卷调查等作为主要手段，收集职能部门或二级院系出现问题的相关资料和信息，进行综合分析和研究，根据收集的信息和对问题的分析研究结果，设计组织治理的目标、指导原则、方式手段、执行策略、评估步骤等。例如，鉴于职业院校职业体验研学基地本身的复杂性、系统性以及主体的多元化，为保障基地的建设质量，需要设立校系协同管理的研学组织管理机构。在政府推动与行业指导下，为实现基地建设和管理的系统化与科学化，充分发挥基地在青少年职业启蒙教育中的功能与作用，职业院校应结合现有组织部门结构与组织管理经验，设立研学基地建设与管理委员会。

第三，关键方案执行到位。要做好治理的准备工作，包括对组织治理的意义、必要性、改革方式进行思想动员和宣传，构建和确定治理的领导机构和实施进行人、财、物的准备工作。要做好治理计划实施过程中的指挥、沟通、协调等工作，使组织治理始终按照既定方案有序推进。治理执行过程严肃，认真，按既定方案逐一落实，规避执行风险，防止执行偏差，达到预期治理效果。例如，为保证顺利指导开展青少年职业体验研学活动，各系部成立研学指导部门，设置课程开发指导、课程实施、后勤保障、医疗救援以及监督反馈等不同职能的专门小组，全方位为基地开展职业体验研学活动保驾护航，制定科学的规章管理制度为各小组工作人员明确职责，保证参与者各司其职，共同参与基地建设工作。研学基地建设与管理委员会的主要职责是做好研学基地的建设与规划工作，做好校内研学教育设施的总体布局、校外企业资源的对接统筹以及协调系部在研学基地运作中存在的困难与问题，使之成为协调、指导职业体验研学基地建设的组织机构。

第四，总结评估。组织必须对治理情况进行检查、分析和评估。要选择好评估的手段，以既定目标作为评估标准，衡量治理的实际成果与计划方案之间的差距。评估的结果要返回到第二阶段，以修正执行计划，继续进行治理，直到达到组织要求标准为止。

3.民主监督

构建和完善民主监督机制是职业院校职业体验研学基地的组织管理制度建设的重点内容。民主管理是推进规范管理、促进基地制度建设的重要途径。此外，实现职业教育启蒙和专业建设的和谐发展，也需要有民主管理与监督的平台。职业院校职业体验研学基地实行民主管理就是以发挥教师主人翁地位为基础，集中群众智慧管理学校，这既体现了教师参与管理基地的权利，又保障了在民主监督下基地建设的健康发展。

构建和完善民主监督机制要依靠基地员工，发动党的基层组织、工会、教代会等各方积极力量，发挥各方积极性，参与民主监督。必须深化管理方式，努力构建开放、多元共治的治理模式，借助民主力量激发治理动力、完善治理体系、提升治理能力。只有完善组织管理体系，发挥各相关利益者的积极性，相互协调，才能真正做到面向社会，依法开展教育活动和实行民主管理。

4.管理与治理的融合

职业院校职业体验研学基地内部治理是将治理的权、责、利合理划分及协调其权力在运作过程中所形成的相互依存又制约的关系。治理是管理达到了一定水平才出现的状态。管理是治理的上位概念，治理是管理的内在追求。管理强调的是目标的实现，治理强调的是过程的井然有序。在治理理念上要与时俱进，将管理转化为治理。在组织内部治理方面，调集各方人员，促使他们之间经过权力切割、职责分管与利益共享，强化对权力的监督与制约。同时从建设初期的粗放管理转向精细化管理，重视利益相关者的权利，以调集全部管理的活跃要素，加速职业启蒙教育教学的改革与发展，全面提高职业启蒙教育质量和活动水平，更好地发挥职业启蒙教育培育青少年的职业规划方面意识的作用，推进基地的科学管理工作。

5.实施分类治理

实施分类治理指的是按照管理工作的性质和特点，建立适合研学基地特色的内部治理。根据不同专业、不同岗位、不同人员分门别类地进行管理，以提高管理的有效性。并且各种类型的人员联系与合作都要遵从一些相同的准则，诸如民主监督准则、重视实绩准则、管理准则等。分类准则的主要目的是根据职位的任职条件、难易程度及性质等要素，加以分类，作为挑选人员的依据。实施职位分类有助于职能部门的合理配置，明确职责定位，提高管理效率实施分类治理，防止不同部门之间的重复交叉管理，使每个人都专注从事本职工作，提高管理水平。实施分类治理，创新内部管理工作，合理配置职能部门的人力资源，加强民主监督，重视实绩，提高了管理效率和水平。

四、职业院校职业体验研学基地建设的目标

职业院校职业体验研学基地建设的总体目标是，以职业体验研学基地为载体，构建职业院校开展职业启蒙、职业体验、职业规划、职业教育、职后培训全链条的职业规划与生涯发展指导体系。

1. 搭建教育实践平台，落实职业启蒙教育

职业院校积极响应国家政策建设职业体验研学基地，旨在统筹职业院校已有的专业特色课程、实训教学设施、校企合作单位，以及优秀"双师型"师资队伍等职业教育资源，为青少年接受职业启蒙教育搭建跨界、开放、融合的实践教学平台。通过建设职业体验研学基地，能够拓展为青少年开展职业启蒙教育的场所，为开展职业体验研学活动研发生动有趣的研学课程，为实施职业体验研学课程创设真实的体验场景，为提升职业体验研学效果安排优质的师资团队，实现职业院校与中小学教育资源共享，弥补青少年仅仅依托所在中小学校开展职业启蒙教育面临的资源短板，发挥社会服务职能，服务广大青少年落实职业启蒙教育，促进职业启蒙教育发展。

2. 培养学生职业认知，全面深化职业体验教育

根据体验学习理论，中小学生在参加职业体验研学活动中通过亲身实践和体验，能弥补学校教育在实践层面的不足，逐步拓宽职业认知领域，树立职业意识与劳动意识，培养实践能力与创新能力。职业院校依托基地开展职业体验研学活动既是对青少年开展素质教育的具体实践，也是个体接受思政教育、进行社会主义核心价值观培养和践行的重要载体。职业体验研学活动将区域内的社会经济、职业生活与学校的教育教学有机融合，能够适应地区差异，突出基地特色。同时，有助于学生建立跨学科知识与职业内容之间的联系，感受科学知识的实践应用价值，加深对社会、经济、职业的认识与理解，从而使职业认知的培养具体化，深入推进素质教育，促进学生德智体美劳全面发展。

3. 增强职业认同感，促进职业生涯规划教育

职业院校建设职业体验研学基地结合学校办学特色，以开发职业体验研学课程为载体，助力中小学实施职业启蒙教育，是提升广大青少年职业生涯规划意识、增强全社会对职业认同感的重要途径。职业生涯规划是指针对个人职业选择的主观和客观因素进行分析和测定，确定个人的奋斗目标并努力实现这一目标的过程。换句话说，职业生涯规划要求根据自身的兴趣、特点，将自己定位在一个最能发挥自己长处的位置，选择最适合自己能力的职业。职业定位是决定职业生

涯成败的最关键的一步，同时也是职业生涯规划的起点。建设职业体验研学基地，能够打造青少年通过职业体验为寻找合适的职业定位提供参考，并在职业体验研学基地接受生涯规划指导的主要阵地。

4.提升职业教育水平，完善职后培训服务

职业院校在开展青少年职业体验研学活动过程中，能够充分彰显中职业学校办学特色与专业发展成果，展示任课教师的专业能力与职业院校学生的职业能力，广泛吸纳意见建议，提高职业教育办学水平，提升职业院校的社会地位与影响力。有助于让更多的青少年和家长了解职业院校、认识职业教育，改变传统认知观念，提升职业院校的知名度、美誉度与职业教育的社会地位，增强职业教育的社会认同感，促进职业教育与普通教育两种教育类型的理念融通。同时，充分利用职业院校资源，完善职业院校提供职后培训服务体系，将职业体验研学基地打造成为培训服务的高使用率平台之一。

五、职业院校职业体验研学基地类型——"非遗"研学基地

非物质文化遗产是人类的"活态灵魂"，是民族传统文化的珍贵记忆，是民族文化的生命密码，承载着独特而丰富的想象力、文化意识和民族精神，对于人类生存与发展具有独特的教育意义与价值。我国非物质文化遗产蕴含着中华民族特有的精神价值、思维方式、文化意识和创造力，凝聚了高超的劳动技艺、体现出工匠精神，是维护我们文化记忆和民族认同的显著标识和重要依据。

"非遗"的保护和传承刻不容缓。从"非遗"的形态和特征来看，"活态"是"非遗"生存、传承的最佳方式。非物质文化遗产的活态传承涉及文化、教育、市场等方方面面。从文化传承角度来说，一直以来，政府文化部门都在政策和资金方面对"非遗"的保护给予了大力的支持；许多"非遗"项目通过文化创意产业的开发走向市场，创造了新的价值。然而，单纯依靠政府的支持毕竟有限，单纯依靠市场"看不见的手"也难以实现"非遗"原真性、完整性的传承。现实中，"非遗"传承的受众面太小成为一大瓶颈。

"非遗"涉及人类生活的方方面面，需要全社会的共同努力。与社会宣传相比，学校"非遗"教育所发挥的作用和意义，更显深远和重要。"非遗"教育是融合多门类教育特点的新型教育，是国民教育体系的重要组成部分。一方面，青

少年处于文化启蒙、人格养成、世界观形成的关键阶段，"非遗"教育从青少年抓起事半功倍；另一方面，国民教育学校的文化教育资源丰富完整，有进行系统全面传统文化教育以及与其他学科融合"非遗"教育和研究的最佳条件。而且，任何形式的社会"非遗"教育宣传都不可能通达所有人，唯有通过一代代青少年教育，才能触及每一个公民，形成全社会全民族的文化认同。

因此，职业院校在建设"非遗"研学基地、搭建青少年职业启蒙教育平台的过程中，应树立起活态传承的理念，充分运用"非遗"传承类研学资源，把各类具备条件的"非遗"项目体验与技艺传承、中华优秀传统文化教育、社会主义核心价值观教育与青少年喜爱感兴趣的研学体验活动结合起来。让"非遗活起来"，用生动鲜活的"非遗"教育、体验来打造"非遗"文化传承的主渠道、培养"非遗"传承人，是职业院校职业体验研学基地建设的一大方向和重要使命，职业院校"非遗"研学基地应成为全社会"非遗"传承教育的主阵地。

2010年6月，教育部举办"全国首届职业院校学生技能作品展洽会"，全国19个省、市、自治区的100多所学校2000余件作品参展，安徽省教育厅组织了"非遗"教育成果主题展。之后，非物质文化遗产教育工作在全国各地纷纷开展起来，开设"非遗"教育的学校也越来越多。教育部、文化部、国家民委三部委在2013年、2016年两次遴选公布了162个"全国职业院校民族文化传承与创新示范专业点"，为选拔和推出优秀艺术设计人才和非物质文化遗产传承人搭建广阔平台。2015年11月，文化部联合教育部正式在全国范围实施"非遗"传承人研培计划。随后出台的《中国非物质文化遗产传承人群研修研习培训计划（2016—2020）》提出，5年内培训人数要达到10万人次。2015~2016的两年，中国已有57所艺术类院校加入队伍，全国"非遗"传承人群和"非遗"技艺得到高度关注和重视。同时，"匠人精神"被公众普遍认知和传播，许多民间组织、公益组织、企业品牌、设计机构开始加入"非遗"教育的队伍，手工艺人的个体创造力得到高度激发。2017年年初，中办和国办印发《关于实施中华优秀传统文化传承发展工程的意见》第十二条"融入生产生活"的原则。

2017年3月17日，南开大学与天津市文广局签署战略合作框架协议，就非物质文化遗产保护教育传承展开合作，成为国内第一所将系统的"非遗"文化传承保护纳入通识课程体系的综合类高校。该校"非遗公选课"将中华优秀传统文化中的生命观、生活态度、创造智慧分做开物、乐心、养正、修治四个单元进行表达，打破地域界限，汇集了技艺、音乐、节令、剪纸、年画、蓝染、瓷、古琴、法鼓与传统医药、传统武术、茶道、花道、古书画装裱修复、青铜器修复、古钟表修复等代表性项目。

2016年底，杭州职业技术学院携手西泠印社，联动10所院校，启动建设教育部职业教育专业教学资源库民族文化传承与创新子库——传统手工业（非遗）技艺传习传承与创新专业教学资源库，库内汇集整理各传统手工业介绍、发展历史、名人名家、代表作、人物专访、工艺流程、作品案例等资源，开发雅修鉴赏、操作视频、教学课件、微课、动画、习题库、试题库等颗粒化素材资源12000余个，开设《金石篆刻》《中式旗袍》《雕版印刷》《中国丝绸》等35门课。对杭职院的学生来说，"非遗"是一项很重要的文化素养类课程，他们以选修课的形式，跟随"非遗"大师们学习旗袍制作、金石篆刻、油纸伞制作等项目，在技艺的传承中领略中国传统文化中的工匠精神。2019年4月24日，浙乡非遗馆在杭州职业技术学院内正式开馆。这是目前浙江省乃至全国范围内高校中鲜有的以非物质文化遗产为主题的，集互动展示、宣传教育、创新研发于一体的综合性场馆。该馆占地约1000m²，共陈列了300余件、总价值超过五百万元的展品，包括唐代的越窑腾龙尊、西泠印社执行社长刘江的篆刻印屏、全形拓技艺传承人屠燕治的重拓邓孟壶、"龙泉青瓷"传承人龚益华亲手烧制的兽耳双环六方尊、"缙云剪纸"传承人刘夏英耗时两年制作的"九龙图"等。其中包括了出自十余位"非遗"大师、"非遗"传承人之手的精品之作，也有多家企事业单位和社会收藏爱好者的珍藏品，涉及金石篆刻、龙泉青瓷、雕版印刷、剪纸、全形拓、油纸伞、漆艺术、开化根雕、中式旗袍、中国丝绸等10个列入世界级、国家级、省级的非物质文化遗产代表作名录的项目。该馆也将作为展示与弘扬非物质文化遗产的常设基地。该校也继续与西泠印社、南宋钱币博物馆签署合作协议，共同致力提升非物质文化遗产文化在高校的传承力度。

职业院校建设"非遗"研学基地，应重点打造四方面内容。一是重点打造地方特色。"非遗"项目必须扎根于相关地区的文化传统，具有鲜明的地方特色。职业院校建设"非遗"研学基地，要充分调查了解地方文化资源，突出最具地方特色的"非遗"项目内容，联系融合，形成地方特色鲜明的研学体系。将"非遗"研学基地打造成为所在地区的"非遗"技艺研学、传承和体验中心以及地方特色"非遗"项目的重要展示窗口。二是重点打造平台优势。"非遗"项目依托于诞生地的历史街区、古村落或工坊的研习、传承、展示虽然特色鲜明，但其学习和推广往往受限于场地、设施等硬件条件和匠人分散等情况。借助职业院校的硬件条件优势，通过建设职业院校"非遗"研学基地，集中打造研学场所和匠人工作空间、展示设施、服务设施，形成综合性"非遗"技艺体验、学习和传承中心。既解决了"非遗"项目工作空间和硬件设施受限问题，又提供了公众充分参与体验、参与学习传承的平台，为"非遗"项目传承创造了良好条件。三是重点打造研学体验。与文旅景点和文博场馆的"非遗"项目体验、展示不同，"非遗"研学基地将"非遗"技艺的沉浸式研学体验作为重点，运用基地优势，给予体验者充足的体验时间、学习材料，充分地体验机会和学习机会。通过对"非遗"项目参与感、体验感、互动性和技艺学习过程的凸显，将"非遗"研学基地建设成为"非遗"爱好者详细学习、体验活动的承载地。四是重点打造公众参与。通过"非遗"研学基地建设，将"非遗"项目技艺由少数人传承转变为公众可参与、可体验、可学习的大众文化体验项目，除青少年集中参与学习体验之外，日常广泛开展面向社会的"非遗"学习、体验活动。凸显"非遗"体验项目的参与性、普及性，拓展职业院校社会服务功能。

六、职业院校职业体验研学基地类型——劳动教育研学基地

劳动教育是使学生树立正确的劳动观点和劳动态度，热爱劳动和劳动人民，养成劳动习惯的教育，是人德智体美劳全面发展的主要内容之一，具有"树德、增智、强体、育美的综合育人价值"。

长期以来，我国各地区各类学校都坚持"教育与生产劳动相结合"的基本原则，进行劳动教育。中国特色社会主义进入新时代，赋予了劳动教育新的内涵，需要立足于人的全面发展，融合多学科知识，对人、社会和自然进行整合，将理论知识有机融入现实社会；强调教育与劳动相结合，实现知行合一；兼顾传统劳动和新型劳动，不断增加更加复杂多元，现代化、信息化、智能化的劳动内容。

2020年由中共中央、国务院印发《关于全面加强新时代大中小学劳动教育的意见》，强调要以日常生活劳动、生产劳动和服务性劳动为主，特别强调要"结合产业新业态、劳动新形态，注重选择新型服务性劳动的内容"；新时代劳动教育关注劳动素养的培养，着眼于学生的终身幸福和全面发展，以培养学生劳动素养为核心，对"劳动精神面貌、劳动价值取向和劳动技能水平"进行全面建构。

因此，新时代劳动教育需要强化家庭、学校、社会综合实施，校内外教育相结合，走一条创新之路。

劳动教育研学就是一种全新的教育形式，学生在学校里以学科知识和技能的学习为主，可通过考试的形式来检验学习效果。但劳动教育是内容广泛、跨学科的实践性教育，很难在教室里实现教学并用考试来检验学习效果。研学是实践性、探究性、体验性很强的教育活动，深度契合劳动教育的本质，所以研学是开展劳动教育活动的良好载体。

研学活动是中小学开展劳动教育、提升青少年劳动素养的重要载体，能够帮助广大青少年修学、启智、立德、树人，促进学思结合、知行合一，为学生形成正确劳动认知、培养深厚劳动情感、坚定劳动意志和塑造良好劳动行为提供契机，是落实立德树人教育目标的重要途径，也是通过变革教育方式提高学生综合素质的重要举措。

参与劳动教育研学基地建设的教育工作者们都应该树立高度的劳动教育自觉性，尤其是身为研学服务提供者的研学团队导师，更应该注重体力劳动与劳动教育的相融合，帮助青少年树立正确的劳动价值观。

劳动教育研学可以采用项目式教学。项目式教学是一种基于学生生活中真实的任务，引导学生发现问题、解决问题，并在这一过程中获得知识和发展能力的学习方式；这种学习方式非常适合劳动教育活动的开展。在研学基地、实践基地开展生产性、服务性劳动，最好的方式是用职业体验的方式，采用项目式教学法开展教学活动。这是研学旅行承载劳动教育的切入点，也是新时代劳动教育的新形式。

劳动教育研学不仅将劳动技能的习得浸润在体验式学习中，还将劳动的历史、劳动的情感、劳动的价值引领渗透在与劳动者的亲密互动中，渗透在对中华传统文化的深入了解中，渗透在对劳动智慧的深刻体悟中，这些实践就是让劳动美起来、动起来、活起来、创起来、新起来的教育实践。如何在以研学为代表的综合实践活动课程中探索劳动教育课程内外一体育人的途径，还需要教育工作者不断探索。

整体而言，劳动教育与研学活动在理念上呈现紧密交织的关系，在教育理念上实现了同频共振。从实践上看，两者也可以实现深度的无缝对接。

建立劳动教育研学基地，是落实劳动课的有效途径，是将思想教育、知识教育、技能教育、劳动实践融为一体的劳动教育平台，有效弥补学校和家庭教育的缺陷和不足，扩展学校教育空间，延伸和补充学校教育。劳动教育研学可以分为校内研学基地和校外研学基地。

校内实训基地依托校园环境，学生不出校门的就近优势，参加劳动教育研学。校外劳动教育研学是以劳动教育作为主题的研学旅行活动。研学旅行是由学校根据区域特色、学生年龄特点和各学科教学内容需要，组织学生通过集体旅行、集中食宿的方式走出校园，在与平常不同的生活中拓宽视野、丰富知识，加深与自然和文化的亲近感，增加对集体生活方式和社会公共道德的体验。提升中小学生的自理能力、创新精神和实践能力。创建怎样的劳动教育研学基地，才能让学生"劳"有所得。

劳动教育能够联通教育世界、生活世界和职业世界，通过劳动教育能够带给学生"真实性"的体验，让学生在劳动中学习，在劳动中成长。基于此，劳动教育基地的创建要结合地方自然资源、挖掘人文历史脉络、立足区域经济特色，与真实的世界建立链接，让学生"劳"有所得。

1.结合地方自然资源——童孙未解供耕织，也傍桑阴学种瓜

纵观中华民族千年文明史，有两条古训值得一提：一个是"读万卷书，行万里路"，另一个是"耕读传家久，诗书继世长"。

这两条古训显示着先民们艰辛跋涉、筚路蓝缕，进行身体力行的伟大实践，在诗书传礼路径中分别指向了游学实践和劳动实践，并最终汇成一条民族升腾的大道。这是伟大的民族实践积淀和珍贵的历史财富，两者在中华民族的历史深处呈现了实践的交融。

农耕文化源远流长，是我国存在最为广泛的文化类型，体现和反映了传统农业的思想理念、生产技术、耕作制度以及中华文明的内涵，是中国劳动人民几千年生产生活智慧的结晶。错把麦苗当韭菜、错把大蒜当成葱……现实生活中，一些孩子五谷不分的情况并不鲜见。之所以出现这样的情况，主要是孩子们缺少接触农业的机会。农业稳，天下安。无论是现在还是将来，都有必要让孩子们亲身体验劳动生产，亲近自然，让他们得到全面发展。

让学生参加农耕实践，是各级劳动教育中的一项重要任务。结合地方自然资源，创建农业种植、特色养殖等教育基地，让劳动教育回归自然，回归乡土，连通教育与生活经验，激发学生热爱生活的情感，同时，让学生在劳动实践中增强

他们的农业科普知识，提高学生动脑和动手相结合的能力，学会创造，学会合作，学会生活。

创建种植园地，通过开展一系列农业种植活动，让学生有意识地了解常见瓜果蔬菜及农作物的生产周期和过程，让学生在辛苦劳作的同时学会换位思考，珍惜粮食，建立正确的劳动价值观。

在劳动基地引入现代化环境监测和自动灌溉系统，能够实时观测到植物的生长过程以及环境的变化对植物的影响，激发孩子认识自然、热爱自然的兴趣；同时结合多学科课程的融合，增强学生劳动思维及创新能力。

搭建市集工坊，通过一系列校内外实践活动，如卖菜营销、将劳动成果制作成美食等，提高学生的表达能力，享受劳动带来的快乐，并在交流中学会合作，实现劳动课程与社会、家庭之间的有机结合。

在动物养殖的过程中，让学生了解动物的习性、养护管理方法，在实践过程中建立与动物的情感，增强学生与自然和谐相处的生态意识。

2.挖掘人文历史脉络——往事越千年，传承永不变

挖掘人文历史的脉络，打造非遗文化、农耕文化、红色教育等特色教育基地，让学生能够深入了解家乡传统文化，增强对文化传承与保护的意识，培养民族精神和爱国主义情怀。以劳动、文化为核心的创新模式，丰富了劳动教育的内涵，拓宽学生的视野，体现了劳动的价值。

农耕文化馆内利用实物和VR配合还原农户生活、耕作等一系列农业文化活动，让学生感受农耕精神的魅力，通过实物的体验，更深入地理解我国悠久的农耕文明发展历程。融合地域传统文化、非遗文化等特色，创建编织教室、布艺教室、陶艺教室、木刻教室、剪纸教室等，让学生在熟悉掌握工艺技术知识和技能的同时，培养对民族艺术的兴趣。

3.立足区域产业特色——学好一技在手，工匠精神在心

工业是城市发展的重要支撑，独具艺术魅力和人文情怀的工业景观所具备的视觉冲击力，可以让青少年更加直观地触摸工业脉搏，感受城市发展背后的故事，感受工匠精神的魅力。

所谓工匠精神，既是一种做事的态度，也是一种从业的追求；既是对自我的

期许，也是对他人的承诺；既是一种职业的操守，也是一种文化的传承。堪称工匠者，必有对事业的沉静与专注，必有对细节的关注和对品质的追求。他们细心打磨，不至极致必不轻付于人。他们承继传统而不泥古，融会贯通推陈出新。他们诚信重诺，视质量品牌为生命而决不妥协姑且。他们摒弃浮躁，沉潜于事滴水穿石，有事业心而无功利心。

作为一种文化基因和精神传承，工匠精神为各行各业所必需。小到技术研发、车间生产、服务提升等微观领域质量水平的提升，大到供给侧结构性改革、实体经济振兴、创新驱动等宏观战略的实施，都离不了工匠精神的支撑。单个工匠力量虽微，但当一个国家、一个民族都在厚植工匠文化，崇尚工匠精神，都以工匠精神来打造产品和企业的品牌，逐渐涌现出众多的"中国工匠"和富有工匠精神的企业，就能打造出响当当的"中国品牌"，塑造出光灿灿的"中国形象"。

依托地方产业发展，创建具有区域经济特色的劳动基地，开设生活化、职业化的劳动教育课程，将职业精神与劳动教育链接，让学生在动手实践的过程中培养认真负责、吃苦耐劳的品质，也增强学生的工匠精神学习，在认识家乡的产业发展的同时建立更深的匠心。

学校在基于自然、历史人文、区域经济等场景特色创建劳动教育基地的同时，也要把劳动教育融入人才培养全过程，构建具有学校文化和地域特色的劳动教育育人模式。

温馨、舒适的花艺教室让学生沉浸其中，通过花卉识别、植物养护、插花技艺、店铺模拟等的拓展课程的学习，增强学生的审美能力，培养学生的社会服务意识。多功能烹饪教室最大限度地促进学生在课程各阶段的参与和互动。同时可连接学校餐厅，邀请周边社区居民、家长参观品尝，学生可为"顾客"服务，作为他们劳动实践训练的一部分，同时培养他们交流共享的能力。围绕着体验教学的原则来设计车航模教室，通过跨学科实践交流，培养学生协作、专注的能力，在动手动脑的过程中体验成果的快乐。基于实际操作环境的协作实验室、操作室，可开展金属加工、制造、维修等劳动基地课程，有助于确保学生技能的培养，养成认真负责的工匠品质。

研学基地一般由单位（院校）自主申报，在各级教育行政部门或省属行业主管部门审核、遴选、推荐基础上，经组织专家评审、省教育厅研究，最终认定。这些研学基地都是以劳动实践基地建设为抓手，积极探索中小学劳动教育的有效模式和途径，为完善劳动实践课程，丰富劳动实践资源，构建模式多样、机制健全的劳动教育体系，提供了具有地方特色的劳动教育。

例如，江苏省宿迁市重岗学校建设了劳动研学基地——知行园。重岗学校劳动研学基地在泗洪县委教育工作委员会等部门的指导和支持下，因地制宜充分挖掘自身闲置资源，利用校园北侧一块十余亩约 8000 m^2 的空地，创建了宿迁首个、苏北屈指可数的中小学生劳动实践研学基地——知行园。知行园以"服务学校、锻炼学生"为宗旨，以"培养学生健康人格，促进学生全面发展"为理念，把劳动教育有机融入第二课堂，全面覆盖培育、种植、养护、收获基地等劳动实践课程。知行园由梨云园、知秋园、让枣园、桃李园、杏雨园、倾阳园六个相互独立、相得益彰的园子组成，里面种植了大量的梨树、柿树、枣树、桃树、李树等。不一样的体验，不一样的教育，知行园为学生提供了追根溯源、攀茎求实、寻枝摘叶、品花识香的良好环境。重岗学校每周五下午劳动课时间，都会安排两个班近百名学生到知行园内栽种、施肥、浇水、除草、观察、研究，并组织开展成果展示、劳动竞赛等活动。与此同时，学校还将劳动素养作为学生综合素质评价的重要内容纳入学生综合素质考评指标，作为评优评先的重要参考和毕业依据。知行园负责人坦言，学校目的就是通过劳动实践，让孩子们学会生活、学会劳动、学会审美、学会创造，从而达到磨炼意志、培养才干、提高综合素质的目的，实现知行合一，促进学生正确的世界观、人生观、价值观形成。

在成都工贸职业技术学院研学基地，机械3D打印现场，指导老师带着青少年参观各类有趣的3D打印作品，回答青少年们天马行空的问题；随后让青少年们带着问题观看了一则3D打印趣味视频，在青少年们的踊跃抢答中进入数字化设计环节；在老师和志愿者的指导下顺利完成了钥匙牌的设计、切片、导入打印机体验打印。新能源汽车VR观摩项目，以科技演绎与文化演绎相结合、传统技艺与高新技术相交融的形式，搭建技艺展示、使青少年们在观赏互动过程中沉浸式感受我国新能源汽车发展的步伐，最大程度让青少年们体验匠人情怀。美学涂鸦项目，老师们通过对美术技法讲解、绘画游戏比拼等活动，提高青少年们的美术修养，通过绘制城市元素绘画，结合践行新发展理念的公园城市示范区主题，让青少年们通过美术创作的表达手法，展现青少年眼中的公园城市。机器人编程、乐趣体育、模拟驾驶及自动售票以及智慧监测，每个项目各具特色，青少年们在体验中动手操作，发挥智慧，学习工匠知识，践行工匠精神，体验工匠内涵。

除了学校内建设的劳动教育研学基地外，地方也建设了一批劳动研学基地。

例如，湖南湘潭市配套专项资金，建设一批具有良好示范带动作用的研学旅行基地。一是农村中小学校利用属地资源就近与乡镇或村部合作建设基地，适时组织学生参与劳动教育；二是由政府主导、民间资本参与的方式，在城市近郊地区建设一批实践基地，组织城市中小学适龄学生到基地参加劳动实践。打造一批具有影响力的研学旅行精品线路。按照劳动教育需求，由教育、农业、文旅等部门协同配合、顶层设计，开发出各具特色的精品研学路线。同时，严格制定实践基地建设标准、准入制度、认定流程和考评办法，对申报单位或农户的硬件条件、安全措施、配套设施、规范管理等进行严格认定准入，挂牌认定后进行严格培训与管理。

当地注重因材施教，开发一批育人效果突出的研学旅行活动课程。由教育、农业、文旅等部门立足劳动教育特殊的目标和要求，结合学生特点进行项目化、课程化的设计，共同研发不同学段学生农耕文化研学内容和课程要求，分阶段、分批次在适宜季节开展研学旅行，全面提升湘潭市劳动教育的品质和特色。实现与湘潭的传统文化、名人文化融合发展。围绕湘潭传统文化和名人文化的点位重点打造建设一批教育活动实践中心，把这些文化融入实践中心建设当中去，实现与湘潭传统文化和名人文化的融合发展，打造特色品牌。耕读传家是传承数千年的中华传统文化，也深深烙印于湖湘学子的心灵，传承和延绵于湘潭的湖湘文化、红色文化和白石文化无不继承了这一基因。依托湖湘文化、红色文化和白石文化重点打造一批影响全国的青少年综合实践基地，形成自己的特色品牌。

浙江缙云黄龙劳动实践基地位于国家 AAAA 级旅游景区——黄龙景区，依托中小学生研学实践营地等资源，打造成种养循环展示、休闲参观体验、研学实践劳动等多方融合的现代设施特色农业基地。基地总面积约 2000 亩，分为水果、养殖、蔬菜、茶叶、农产品深加工五大板块，现有连栋大棚区域 20 亩，简易大棚区 150 亩，室内活动空间 5000m^2。基地现为省农业科技企业、省首批五星级青创农场、省首批名校学子优秀实践基地，是中国计量大学现代科技学院、丽水学院、丽水职业技术学院、金华职业技术学院的实践和实训基地。基地秉承"从做中学"的理念，开设以生活自理、传统农耕、科技农业、种养循环、职业体验为主题劳动实践项目 20 多个，为中小学生提供优质的校外劳动实践服务。

缙云麦香教育劳动实践基地位于笕川花海景区，基地占地 600 亩，其中有

300多亩用于设施栽培，其中供中小学生劳动实践的专区面积超过100亩，能同时接待300名以上中小学生参加劳动实践活动，先后被评为"浙江省第三批粮食安全宣传教育实践基地""丽水市中小学生研学基地"。基地开设了五个不同劳动实践内容的项目，每个劳动实践项目均有相应劳动实践课程，分别是种植、栽培、操作类课程，能满足青少年儿童的劳动实践教育需求。基地配置有适合中小学生使用、与开设的劳动实践课程相匹配的锄头、刨子、砖刀、泥工刀等劳动工具和器材。基地配有实践经验丰富，能结合劳动实践要求进行讲解、示范和辅导的人员担任项目指导师，目前共有专职老师6人，全年对中小学生正常开放。

上海中小学生的劳动必修课程中，分为日常生活劳动、生产劳动、服务性劳动三个模块，注重分散与集中、个体劳动与团队劳动相结合，教室内劳动与教室外劳动、短周期劳动与长周期劳动互补的原则。例如，小学学段的"贴身衣物洗一洗"和"盆栽小番茄的种植"，初中学段的"汽车4S店体验"。课程注重在真实的劳动情境或问题场景中，引导学生运用工程与技术的思维和方法解决实际问题，完成技术支持下的劳动。初中学段的"手工木质闹钟"就是围绕早晨叫早这一情境展开设计制作。木工、金工、电工、实体设计课程，是初中学段的必选项。根据学校情况与学生兴趣爱好，还可以选择陶艺、布艺、绳结、雕刻、扎染、草编等特色项目。

七、职业院校职业体验研学基地类型——思政研学基地

思政教育可以引导学生培育和践行社会主义核心价值观，踏踏实实修好品德，成为有大爱大德大情怀的人。为此，从研学主题的确定到研学路线的设计，再到研学过程的管理，都要体现育人价值。在开展研学旅行课程的过程中，学校应进行精心设计和扎实实践，遵循思想政治工作规律，遵循教书育人规律，遵循学生成长规律，创新方式、改进手段、拓展渠道、形成协同效应，以润物无声的方式给学生以人生启迪，为培养德智体美全面发展的社会主义建设者和接班人奠基。

党中央要求深化新时代学校思想政治理论课改革创新，统筹推进大中小学思政课一体化建设，要求构建全员、全程、全方位育人格局，各学段思想政治教育目标、形式内容、方法途径等统一规划，层次性、差异性、关联性教育有效衔接，课程标准制定、教材编写、课堂教学、考试评价协调推进等。同时思政课一体化内含"课程思政"的育人要求，必须充分挖掘各类课程思政教育资源，推动

各类课程与思政课程形成协同效应，发挥好每门课程的育人功能。

研学课程是学校实践教育的重要组成部分，是落实生活教育理论、实现育人目标的重要途径。目前的思政课教学模式、手段创新还不够，部分学校曾不同程度地出现"教师讲不出来，学生听不进去"的现象，需要把思政课和研学旅行相结合，努力形成全员育人、全方位育人、全过程育人的强大合力。

思政研学是以学习知识，提高综合素质，培养核心素养为目的的校外活动，让青少年学生走出"象牙塔"，到社会中深入实践，广泛调查研究，了解国情、认知社会。相对于校内课堂学习能给学生带来不同的体验，实现不同的教育意义。明确的研学目的能避免研学旅行沦为走马观花的旅游或游玩。此外，研学课程设计还要和小而具体的研学目标相结合，综合考虑学生的身心发展特点和学习需求，可接受的、能力范围内的目标能激发学生探索的积极性，让学生在研学旅行后有收获、有成长。

"思政教育研学基地"是落实立德树人的最好载体，要让广大学生真心喜爱、终身受益，把思政教育和研学活动结合在一起，在中小学中推广。中小学校可以利用爱国主义教育、文化素质教育等各类研学基地场馆，以微视频、微课堂、微论坛、微报告、诗朗诵等多种形式呈现思政教育创新实践，将思想政治教育作为一项系统工程整体推进，挖掘协调各地相关高端制造业和科研基地的资源图谱提供给学校，丰富学校育人资源，指导和推动中小学校积极开展探索。因此，在职业院校建立思政研学基地尤为重要。

在职业院校建立思政研学基地，对提高政治站位，建立长效化沟通机制，共享优质教育资源，加强职业教育、党史学习研究等方面具有重要作用。思政研学基地的建立，可以为青少年提供一个红色资源丰富、红色底蕴深厚、红色情怀深远的党史学习教育平台，进一步引导青少年做到学史明理、学史增信、学史崇德、学史力行，不断推进党史学习教育往深里走、往实里走、往心里走。

思政研学基地的建设，主要应遵循以下原则。

1.教育性原则

《关于推进中小学生研学旅行的意见》明确指出，教育性原则是第一项基本原则，只有把教育性原则放在第一位，才能避免"只旅不学"或者"只学不旅"的现象。课程属性的思政研学活动属于教育计划的一部分，国家赋予它的课程地位决定了它必须以"育人"为出发点，凸显其特殊的教育功能，并要与其他课程一起，共同实现立德树人、培养人才的教育根本目的。思政研学基地的研学活动并非以"游"与"玩"为主，不同于学校以往开展的春游、秋游或者课外活动，休憩与放松只是其中一个作用。一般而言，思政研学基地的研学课程必须有明确的主题、目标、内容以及相应的评价方式，并且有专门的指导教师。

思政研学基地的研学课程的教育性主要体现在它能够通过"游"这种方式促进学生的"学"，学生不是漫无目的地行走和参观，而是带着思考走进自然和社会，通过各种实践活动提升认知水平和各方面素养。学生在研学中有所思、有所获，研学课程才具有了真正的教育意义。在实际体验的过程中持续地形成新的学习，真正实现"一路行程，一路学程"。

2.实践性原则

首先，学生是研学旅行活动的实践主体。在研学活动中学生要学会自主思考、提高思辨能力，还要学会动手、掌握各项实践技能。其次，研学活动课程以研究性学习为支点，通过各种探索活动让学生获得良好的学习效果。活动方式多样，主要包括参观游览、社会调查、观摩体验、实验操作、信息收集等。研学活动让学生走出校园，到更加真实的、与校园学习生活不同的环境中去，通过开展各种实地游览和参与体验活动，拓宽视野、丰富知识结构、亲近自然、更加了解自己所处的社会。

研学活动作为人才培养模式的创新模式，研学实践课程设计特别要注重学生实践性的学习，更强调要超越教材、课堂和学校的局限，在活动时空上向自然环境、学生的生活领域和社会活动领域延伸，密切学生与自然、社会、生活的联系。

思政研学基地开展思政研学实践活动，要真正体现红色文化育人和实践育人铸魂的统一。红色资源是开展"四史"教育最好的教科书，要深入挖掘红色资源中信仰忠诚、艰苦奋斗、无私奉献、求是创新、廉洁奉公、家国情怀等价值内涵，开展体验类、服务类、宣讲类、调查类等实践活动，让学生体验革命传统，强化实践拓展，全身心参与社会教育大课堂的各个环节，还要培养学生关心他人、合作互助、勤俭节约等品质，并将其内化为政治认知、政治情感，外化为实践行为，实现知行合一的育人追求。

3.系统性原则

系统性也可以称为综合性，表现在研学活动课程没有明确的学科之分，但囊括了历史人文、地理、科学技术、艺术文化等各领域的内容。《关于推进中小学生研学旅行的意见》中明确提出，作为综合实践育人的有效途径，研学旅行要以统筹协调、整合资源为突破口。站在综合育人的高度，研学实践课程设计需要进行学校内的多学科整合、跨学科整合，甚至是跨界整合。

思政研学作为一门综合实践类课程，它强调要全面发展学生的综合思维、创新精神和实践能力，学会合理运用各门类的知识内容和各种技能手段，认识、分析和解决现实问题，获得整体核心素养的提升，以适应快速变化的社会生活、职业世界和个人未来发展的现实需要，更好地迎接信息时代和知识经济社会的挑战。因此，思政研学基地建设应结合地区、学校、学生的实际情况，整合自然文化遗产、红色教育资源、其他类型实践基地等资源。

近年来，一些地方和高校在思政理论课、青少年研学实践工作过程中开展思政研学基地建设，取得了不少有益的经验。

例如，河南财经政法大学打造"财大"模式的思政课人才培养方式。河南财经政法大学秉持理论性与实践性相统一的原则，在思政教师队伍中推进实践研学。从而进一步增强思政课的思想性、理论性和亲和力，并以政治认同、家国情怀、道德修养、法治意识、文化素养为重点，以爱党、爱国、爱社会主义、爱人民、爱集体为主线，坚持爱国和爱党爱社会主义相统一，对青年大学生系统进行中国特色社会主义和中国梦教育、社会主义核心价值观教育、法治教育、劳动教育、心理健康教育、中华优秀传统文化教育。

河南财经政法大学一直以来就很注重思政课的实践性，围绕"建设一流本科，做强一流专业，培养一流人才"的发展主旋律，推行课程教学范式综合改革，积极打造一流本科教育的"财大"模式。

第一，加强理论阐释和国情教育，讲清楚蕴含的立场、观点、方法，增强学生政治认同、思想认同、理论认同。学校深入推进"文化厚校"战略，积极开展中华优秀传统文化、革命文化、社会主义先进文化三大文化的宣传、教育、研究和实践，使之有机融入课堂教学、文化活动和校园环境中。

学校曾多次组织师生赴焦裕禄纪念园、红旗渠纪念馆等接受革命文化教育，发扬优良传统，坚定理想信念。精心打造"青马工程""社团文化节""科技文化节""法律文化节"等品牌活动，开展了"三育人"先进个人、师德标兵、身边好人等评选活动。而且每年暑期大学生"三下乡"活动期间，多支实践调研团队围绕"三大文化"主题，深入祖国大地开展寻访体验活动，深入开展研究阐发、教育普及、保护传承等，积极促进中华优秀传统文化的传承发展。

第二，注重发挥政治引领作用，着力推动思政课改革创新，争做增强思政课思想性、理论性和亲和力、针对性的精心组织者、积极促进者、自觉实践者。占领网络这个主战场，思政课教师对学生的影响，不仅在于课堂怎么说，更在于课外怎么做。思政课教师要成为学生做人的镜子，要以身作则、率先垂范，做到课上课下一致、网上网下一致，以高尚的人格魅力赢得学生敬仰，以模范的言行举止为学生树立榜样，把真善美的种子不断播撒到学生心中。

第三，着力健全师德师风建设长效机制，在招聘考核、职称评聘、推优评先、表彰奖励等环节，突出师德关，强化全方位、全过程师德养成。

第四，思政课教师坚持潜心问道和关注社会相统一，在深挖理论"源头"的同时引入实践"活水"。详细研读理论知识，认真分析教材内容，把科学理论和教材模块有机结合起来，转变为内容充实、人人可学、随时可学、形式多样的线下、线上课程，用真理的强大力量引导学生。有计划地分批分期组织思政课教师走出去，到"新时代高校思政课教师研学基地"开阔视野、丰富阅历、汲取养分。

河南省教育部门策略而精准地选择好思政课教育改革的切入，尝试把研学旅行纳入中小学思政课教育教学计划。在青少年研学课程内容的设计中依托河南丰富厚重的自然和文化资源、红色教育资源、爱国主义教育基地，以及大型公共设施、知名院校、工矿企业、科研机构、综合实践基地等资源，让每一位中小学生能够感受中原文化的源远流长、博大精深，能见证河南现代化建设的伟大成就。

如嵩阳书院可以体验"入泮礼"仪式，诵读国学经典，感受优秀传统文化的熏陶；少林寺景区，可以了解佛教文化对中国传统文化的影响，通过少林文化与功夫之旅，感受中华文化的包容性，掌握强身健体的技巧；还有中原福塔、黄帝故里、黄河风景名胜区、郑州华强文化科技园、郑州行知塾综合实践基地、巩义康百万庄园、开封清明上河园、洛阳老君山风景名胜区、焦裕禄纪念园等单位。

围绕"老家河南"研学活动，让青少年充分了解河南的根亲文化、黄帝文化、姓氏文化等资源；围绕"红色河南"研学旅行，让青少年了解焦裕禄精神、红旗渠精神、愚公移山精神"三大精神"；围绕"厚重河南"研学旅行，让青少年了解河南五千年中原文明、八大历史文化名城等丰富的历史文化、世界遗产、非遗传承、博物馆藏等资源；围绕"生态河南"研学旅行，让青少年了解河南丰富的绿水青山、美丽乡村、特色小镇等生态资源……不管是何种方式，都让青少年在研学活动中，获得更宽阔的眼界，胸怀更远大的志向，让学生认识信仰的力量，感受伟大的成就，感知自然的神奇。

河南省教育厅还发布了《关于推进中小学生研学旅行的实施方案》，鼓励研学旅行被纳入了必要的教学计划，与综合实践活动统筹考虑，学校教师组织研学旅行活动也要被计入教育教学工作量，并配套一系列工作举措，带动未来两三年河南的研学迎来大发展。主要包括以下五点：

一是站在统筹推进大中小学思政一体化建设的高度围绕河南资源优势，突出河南地域特色，打造一批主题健康向上、特色鲜明突出、育人效果明显的研学实践教育精品课程。研学旅行综合性强、关联度大、开放性高，在改革创新、融合发展中空间巨大，前景广阔。通过打造主题鲜明、内容丰富、意义深刻的精品线路，形成适用不同学段、不同特点、不同要求的研学实践教育课程和线路资源，持续推进我省研学实践教育工作健康有序开展。

二是充分挖掘、研究、整合我省丰厚的历史文化积淀、优秀的传统文化资源、秀美的中原山川美景、淳朴的地域乡风民俗、辉煌的社会发展成果等元素。要突出地域特色制定研学旅行课程标准，进行顶层设计，规范研学课程开发。让学生在反复触摸河南文化中引导学生增强中国特色社会主义道路自信、理论自信、制度自信、文化自信，厚植爱国主义情怀，把爱国情、强国志、报国行自觉融入坚持和发展中国特色社会主义事业、建设社会主义现代化强国、实现中华民族伟大复兴的奋斗之中。

三是建立并逐步完善河南省研学旅行综合评价体系。编制发布河南省研学旅行发展年报、白皮书、数据报告，建设河南省研学旅行数据库，建立健全河南省大中小学生研学旅行档案、河南省研学旅行基地数据库；建设河南省研学旅行交互平台，通过信息化、数据化、流程化、智能化科学管理，保障研学旅行健康良性发展。

四是培养一批志在研学、专业过硬、结构合理的研学旅行师资队伍，建立一套责任清晰、科学规范、保障到位的研学旅行管理机制。开展河南省研学旅行省内外、国内外交流项目，组织河南省研学旅行优秀项目、企业、人物评选表彰活动；编制研学旅行发展报告。

五是全省大中小学校、全国中小学生研学实践教育基地（营地）、河南省中小学社会实践教育基地、示范性综合实践基地、青少年活动中心，以及研学实践教育活动开展较好、具有相关资质的研学旅行服务机构联手合作开发研学课程，优势互补，资源共享，合作共赢。突出河南特色，打造具有中原风格、国家标准、国际视野的研学旅行精品工程。能根据地域文化资源和自身资源的优势，体现大中小学生研学实践教育活动主旨，体现线路的核心价值要义。线路目标应紧扣主题、具体明确、切合实际，从知识技能、过程与方法、情感态度和价值观等方面详细描述所要达到的目的和育人效果。

近年来，浙江省将地方红色资源与教育教学活动充分融合，着力打造"新时代思政研学基地"和中小学思政课教师实践教育基地，发布"浙里红"首批十大红色教育基地，如嘉兴南湖革命纪念馆、安吉余村鲁家村"两山学院"、丽水浙西南革命根据地纪念馆等。组织百名红色讲师，提供百种红色体验，努力让"既有意义、又有意思"的红色教育真正落地落实，形成生动活泼、寓教于乐的新场景新体验新模式。

八、职业院校职业体验研学基地学习评价体系

职业院校职业体验研学基地要构建以职业素质培养为中心的学习评价体系，使评价结果成为青少年检验学习效果、自我反思、自我调控、自我完善与自我修正的手段。学习评价体系应遵循定性与定量相结合、形成性评价与终结性评价相结合、综合评价与特色评价相结合、现实性与发展性相结合、教师与青少年个人及基地、企业多元评价相结合的原则。学习评价体系包括以下基本要点。

1. 树立"青少年的职业体验素养主要来自职场习得"的理念

对青少年进行职业启蒙教育，一定要树立"青少年的职业体验素养主要来自职场习得"的理念，通过研学基地积极构建和筹备青少年职业启蒙教育的实施方案、构建教育平台。一是促成构建职业工作实例系统化的教学情境。教学组织实施与职业岗位、工作过程一致，教学手段、方法呈现真实性，利用多媒体仿真模

拟工作岗位实景、企业参观等手段来营造实际工作的职业氛围。二是促进形成实例渗透的体验实践过程，将各种职业能力转化成独立典型的工作任务，并对工作任务进行整合，把工作过程的行动领域整合到课程学习领域，教师成为引导者、咨询者，青少年成为体验学习活动的主体，在共同参与和探讨中解决实际问题。

2.校企合作、企业参与是青少年获得职业素养的直接平台

青少年通过校企合作、企业参与的形式，通过与企业人员交流沟通来表达自己对职业素养的认知情感，沟通提供的不仅是一种情感释放的情绪表达机制，而且还可以满足青少年的社会交往需要。对职业院校的职业启蒙教育来说，最重要的一点就是要形成在校企合作参与架构和青少年之间的公开、自由、诚实、开放的沟通氛围。有效畅通的沟通渠道可以实现企业人员和青少年体验者之间的交流，可以促进青少年思维的碰撞、感情的升华。因此，青少年在有效沟通性的文化氛围中接受职业启蒙教育，不仅能够有效激励青少年的行为，实现信息的共享，而且能够使青少年体会到被尊重、被信任的感觉，心理上得到了极大的满足，从而对职业产生深深的亲切和认同感，加深青少年对职业启蒙教育的归属感。

3.企业师傅的职业示范是青少年学习职业素养的主要渠道

企业师傅的工作风格各有不同，他们往往把自己的个性、气质、偏好等性格以及素质、修养等人格要素融入工作中。企业师傅的工作风格对青少年学习职业素养起着至关重要的作用，企业师傅的示范行为时时刻刻影响着青少年。从管理的两维理论上来看，可以将企业师傅行为模式分为交换型行为和变革型行为。交换型企业师傅在对青少年示范时，会关心每一个青少年的各种技能需要，帮助青少年以新观念、新看法、新思路解决问题，利用个人的技术示范指导青少年，鼓励和帮助青少年完成工作任务。变革型师傅则是从个人技能魅力、技术感召力、工作智力刺激青少年高层次的需求，诱导并促进青少年观察、学习、领会职业素养内涵。

4.规范的职业规章制度、习俗和礼仪是青少年获得职业素养的基本内容

行业企业职业习俗是企业员工自觉遵守的道德规范和准则，具有"软约束"

作用，它是一种无形的精神力量，规范企业员工的一言一行。行业企业的职业习俗和礼仪是其价值观的表现形式，塑造了企业的自我形象。高职生在行业企业的实训中，在职业习俗礼仪文化的氛围中受到熏陶和感染，自觉地调整不符合职业习俗礼仪的行为，密切与企业师傅、职业岗位的人际关系，激发工作的使命感和成就感，实现"人职合一"。此外，约定俗成的职业习俗可让青少年感受到企业的工作氛围，大大地强化了青少年与企业之间的"融合"情感，青少年的"职业归属感"不禁油然而生。

5.通过评价体系的建立，调动青少年学习的主动性与积极性

职业院校职业体验研学基地建设的研究是一个崭新的领域。构建职业院校职业体验研学基地建设的理论框架与实践方案，为青少年的职业启蒙教育提供一种全新的培养理念和实践路径，突破以往职业启蒙教育的低效和短板，是职业院校的重要任务。同时，确立有效、合理和科学的青少年职业启蒙教育学习评价体系，使评价成为提高青少年职业素养、促进职业启蒙教育和生涯规划教育质量提高的必要手段，是职业院校职业体验研学基地积极探索的一项重要课题。要引导青少年在掌握基本认知、基本知识和基本技能的基础上，积极培养与提高青少年的职业素养，努力使青少年具有适应不同工作环境与要求的，内在的、稳定的生涯规划和可持续发展能力，以实现职业启蒙教育对青少年的培养目标。

以职业素质为中心的学习评价体系的评价内容可由职业体验素养和职业能力素养两部分组成。其中职业体验素养由爱岗敬业、遵守职业纪律、职业规范、职业态度定性进行测评；职业能力由所体验的课程或完成的工作任务所掌握的知识、技能定量评价和学习过程中与人交往能力、信息处理能力、解决问题能力、自我学习能力、与人合作能力定性评价。

第三节　职业院校青少年职业启蒙教育保障建设

职业启蒙教育能够顺利实施需要有充分的保障，想要做好职业启蒙教育保障建设工作，需要在政策扶持、师资保障、经费投入、校内外合作等方面加强保障。

一、职业院校青少年职业启蒙教育的政策保障

职业启蒙教育是一项青少年可享有的公共服务。建设服务型政府，要强化政府的公共服务职能，转变管理理念，促进社会资源的高效利用与充分流动，以提供更多更好更高质量的公共产品和公告服务，推进公共服务均等化。由政府提供高质量的职业启蒙教育，有利于经济发展、社会稳定，是教育领域高质量公共服务的具体体现。

1.成立职业启蒙教育的专门领导机构

国家和地方教育行政部门应提高对职业启蒙教育的重视程度，成立职业启蒙教育的专门领导机构，组织制定和发布相关的法规、政策制度文件，保障职业启蒙教育师资队伍的建设以及相关活动的开展。通过政府发布相关的政策文件，引起各级各类学校对职业启蒙教育的重视。充分发挥职业启蒙教育领导机构的主导职能，形成规划顶层设计、重大事宜部门协调的联动推进机制，从组织上保障职业启蒙教育目标的实现。深入了解区域内中小学和职业学校的基本情况，分析和评估可利用和开发的职业启蒙教育资源，在分析了区域情况之后，设计区域层面的职业院校青少年启蒙教育模式，推动各职业院校合作开展职业启蒙教育的政策设计落地。

国外对职业启蒙教育的探索较早，在发展过程中出台了一系列的方针、政策，保障职业启蒙教育在学校的顺利实施。如美国在 20 世纪 80 年代由国家职业信息协调委员会（National Occupation Information Coordinating Committee）制定发布《国家职业生涯发展指导方针》（*National Career Development Guidelines*），各州可以结合本州的实际情况，制定适合本州的职业启蒙教育政策。英国在 1910 年颁布了《职业选择法》，要求地方教育局负责 17 岁以下青少年学生的职业指导；1948 年英国政府通过《就业和训练法》，规定全国各地的中学对所有在校学生提供职业指导。

我国在近几年的政策文件中已经明确出现了"职业启蒙教育"一词，但是并没有专门针对职业启蒙教育及其师资队伍建设的政策文件。但不少地方已经进行了探索。如江苏省多地的学校在实践中进行过相关探索，由职业学校与中小学联合，共同开展职业启蒙教育活动，这背后离不开江苏省教育厅等部门发布的相关文件的引导和推动。各个学校的教育教学活动会根据区教育局或者市教育局的工作要求来进行安排，这就需要各地区的教育行政部门加强对职业启蒙教育的关注，将职业启蒙教育作为工作任务，落实到中小学，从而促进职业启蒙教育的开展。

上海市教育行政部门形成了社会实践管理领导机构和执行小组，并明确各级部门的职责。领导机构负责区级培训和宣传工作，领导和管理全区各初中学校社会实践管理工作，负责制定相关工作实施方案，并对实施过程和效果进行管理和监控。执行小组成员包括教育行政部门相关科室、各初中分管校长、区校外联办人员、各学生社会实践指导站相关人员，主要负责落实上级政策的落实和协调。教育行政部门中的职教科和基教科成为负责职业启蒙教育的主要部门，两个部门之间进行密切沟通和合作。

2.探索适宜区域实际的管理运行机制

首先，各地中小学与职业学校的发展情况不一样，当地应结合本区域的基础教育与职业教育特色，形成适合本区域发展的职业启蒙教育管理机制。例如，上海市探索市、区两级职业启蒙教育管理模式，推动职业学校面向中小学开放；吉林省要求职业启蒙教育基地和管理由所在职业学校负责，在职业学校内实施；一些城市以中职学校为主管，在单独的职业体验中心实施。其次，健全校级层面的管理体制。校长要按照国家及地方政府相关政策要求，统筹德育、教学、后勤等团队，形成合力，全面推进职业启蒙教育工作。成立学校领导小组和工作小组，明确责任主体，带动学校教师参与到职业启蒙教育的相关工作，切实做好组织、实施和评价。学校要配备"职业启蒙教育专员"，落实具体责任，做到职业启蒙教育"有专人，做专事"，保障职业启蒙教育的稳定落实。最后，保证两类学校之间的制度畅通。在普职校合作交往过程中，涉及多个利益主体。如何保障两类学校教师、学生等相关利益，需要分管领导积极与合作学校进行沟通和交流，明确双方学校制度安排及内容。若有矛盾之处再进行优化，确保活动过程中管理与运行的畅通。

3.健全职业启蒙教育的安全政策制度

职业启蒙教育的教学和活动涉及校内校外多个实践基地或户外场所，且操作设备等都具有专业性，确保安全必须放在第一位。因此必须健全职业启蒙教育的安全政策制度并明确相关责任。一是做好安全预案。职业启蒙教育很大程度上都需要青少年动手实践和操作，在实施过程中，实施单位应高度重视学生的人身安全，有针对性地进行安全教育，引导青少年进行规范操作，提高青少年的安全意识。二是职业院校实践基地要建立完善的场地安全保护制度，安全保护人员必须全部到位，对场地、设施、器材等进行常规检查，并在需要的地方设置警示标志，保障学生的安全。三是健全外出活动安全制度。如果到校外实践场所或户外进行职业体验时，遵循相应的安全制度，例如统一进行安全注意事项教育、统一为参与青少年购买相关意外伤害保险，确保青少年的人身安全。

二、职业院校青少年职业启蒙教育的师资保障

职业院校青少年职业启蒙教育的师资队伍建设应在相关政策的指导下，以职业院校原有的师资队伍为依托，打造学校教师全员参与、专兼结合的职业启蒙教育师资队伍。建设职业启蒙教育师资队伍不仅需要普通学校与职业院校共同努力，同时也需要家长、社会组织机构工作人员的多方支持，在地区的统筹协调以及政府和社会的支持与帮助下，建设数量充足、结构合理、组织精良、保障完备的职业启蒙教育师资队伍。

1.提供政策和资金支持

从职业启蒙教育工作一线教师的角度来看，影响教师开展职业启蒙教育活动的主要因素包括资金和活动平台的匮乏。无论是在校内搭建相关的平台及实践基地，还是去校外的组织机构等场所进行职业体验和参观，都需要一定的资金。并且，学校对职业启蒙教育教师进行相关的培训，也需要一定的政策支持和经费投入。因此，政府需要提供政策和资金支持，从而更好地推动职业启蒙教育师资队伍的建设，为教师开展相关活动提供保障。根据本地区的实际情况，因地制宜，统筹规划，为教师设计、组织职业启蒙教育活动提供资源和场地的支持。

职业启蒙教育是一种区域性的活动，由于其涉及职业教育与普通教育两种类型的教育，因此可以由地方教育行政部门牵头，鼓励多部门联合开展相关工作。例如，上海市普陀区进行过职业启蒙教育实践探索，其组织上是由当地的区教育局联合基础教育科、职成教科、教育学院专业部门和实践基地，组成了职业启蒙教育工作小组，在行政部门的协调推动下，由教育学院负责专业指导，实践基地负责具体落实，基层学校负责组织相关活动，形成了四方协同推进的工作机制。在地方相关政策明确的情况下，能够联合多方的力量，推动职业启蒙教育师资队伍建设。

2.加强职业院校职业启蒙教育师资队伍建设

形成职业启蒙教育师资队伍建设的组织机制。一方面，学校应组建校内职业启蒙教育核心团队。学校可以依托德育部门，建立职业启蒙教育核心教师团队，结合学生发展以及学校的实际情况，统筹规划全校的职业启蒙教育教学活动。另一方面，学校需要建立校外职业启蒙教育教师的组织机制。学校应建立相关的筛选机制，形成规范化的流程，使家长、校外工作人员参与相关活动的流程更为清晰简洁，同时也为学校储备优质的校外职业启蒙教育教师。

建立针对职业启蒙教育教师的激励机制。将活动的开展与教师职称的晋升相连，从而最大程度地调动职业启蒙教育教师开展相关教育教学活动的积极性。开展职业启蒙教育教学活动需要耗费教师大量的时间和精力，在缺乏有效激励机制的情况下，教师可能不会对职业启蒙教育活动的设计与组织投入很多精力，因此学校要建立规范的激励机制，对成果突出的教师给予表彰奖励。同时，学校对校外职业启蒙教育教师也给予合理的激励，从而鼓励更多家长和校外组织机构的工作人员参与。

为职业启蒙教育师资队伍的建设提供制度保障、平台保障以及资金保障。一方面,学校可以形成相关的书面文件,对职业启蒙教育活动的开展及相关师资队伍的建设提出明确的要求,形成一定的制度保障,从而在一定程度上规范职业启蒙教育师资队伍的建设;另一方面,设立职业启蒙教育专项资金,为教师开展活动提供资金支持。同时,学校可以与地区相关行政部门相联系,共同促进职业启蒙教育活动平台的建设,为教师开展活动提供"大舞台"。

建立评价体系,实现对职业启蒙教育师资的高效评价学校应建立有效的考核、评价体系。在评价的主体上,让学生、家长、教师以及校外组织机构的工作人员共同对活动做出评价,从多个角度评价教师的职业启蒙教育工作。在评价的内容上,从教师的活动设计、活动准备、活动实施和活动效果等方面进行全面的评价。在评价的形式上,采取过程性评价与终结性评价相结合的方式,不仅关注活动的结果,也关注活动的过程,以便及时发现教师在开展相关活动中出现的问题,引导教师做好活动反思,从而促进职业启蒙教育师资的发展。

(1)搭建校际师资培训平台。

职业启蒙教育的顺利实施离不开职业学校与普通学校的共同努力,两者作为不同类型的学校,工作交集较少,缺乏开展合作的经验和机制。因此,在建设职业启蒙教育师资队伍的过程中,需要解决的一个关键问题是两者如何开展合作。这就要求地区为两类学校的合作搭建"桥梁",地区教育行政部门需要结合本地区的实际情况,了解职业学校与普通中小学在建设相关师资队伍的过程中存在哪些困难,出台具体的文件,明确职业学校与中小学合作的路径与机制,从而促进两类学校的沟通与交流,为两类学校开展相关合作提供便利。同一个地区的职业启蒙教育教师,可以总结本校开展职业启蒙教育的经验,与其他学校、其他教育阶段的教师沟通交流,共同促进本地区职业启蒙教育的发展。同时,地区应积极组织职业启蒙教育教科研活动,在地区共建职业启蒙教育师资队伍的环境下,打造高水平的区域职业启蒙教育教科研团队。

及时了解职业启蒙教育教师的需求与困惑。学校需要及时了解职业启蒙教育教师关注的问题,了解教师在设计、组织与实施相关活动中存在哪些困难,理清教师的需求,对教师提供有针对性的培训,避免出现培训资源和教师时间的浪费,使教师在参加相关的培训后,能够将培训的内容应用到实践中去,解决实践中遇到的问题。

提供多样化的培训。培训既要注重教师在理论层面的提高，也要注重教师实践能力的培养。因此学校要注意提供多样化的培训活动，既要有相关的专家讲座，在理论知识层面对教师进行提升，也要有案例的学习及实地的参观交流，让教师获得更加直观的认识和理解。

积极开展相关的教学研讨及课题研究活动。学校应积极组织相关的教研活动，一方面，鼓励教师将实际开展职业启蒙教育活动的经验进行总结和提炼，与其他教师分享；另一方面，鼓励教师针对实践中遇到的问题进行集体讨论，群策群力，共同促进学校职业启蒙教育活动的开展。同时，学校应提升教师进行职业启蒙教育课题研究的能力，促进教师将实践经验总结，将实践中的成功案例进行有针对性的分析与研究，形成科研成果。

建立校园开放制度，使中小学的教师和学生能够走进职业院校，为中小学职业启蒙教育师资队伍的建设提供平台保障。职业院校中有各种专业的实训室、校内实践基地等场地资源，还有丰富的物质资源，是开展职业启蒙教育的优质平台。在国家颁布的文件中曾提到，职业学校要结合本校特点，面向中小学生、家长以及社区群众开放校园，开展职业启蒙教育。职业院校应建立校园开放制度，与中小学达成合作关系，为教师开展相关工作提供平台保障。

（2）发挥中小学和职业院校各自职业启蒙教育师资优势。

中小学可整合校内资源，打造全员参与、专兼结合的校内职业启蒙教育师资队伍。一方面，中小学的教师都要成为职业启蒙教育的参与者。开展职业启蒙教育仅依靠学校的德育教师、综合实践活动教师是不够的，需要学校教师全员参与。另一方面，学校要形成专兼结合的职业启蒙教育师资队伍。一所中小学的教职工总数少数十位，多则有上百位，并且学校还有其他教育教学工作需要完成，因而要形成专兼结合的职业启蒙教育师资队伍，既要有专职的职业启蒙教育教师，又要有兼职的职业启蒙教育教师。学校应充分利用本校教师的特长及资源，在学校中形成相互配合的职业启蒙教育师资队伍，为学校职业启蒙教育活动的开展贡献自己的力量。

中高职院校的教师，既有与职业相关的知识，又具备教育学的专业知识；既了解很多与职业相关的知识与技能，也有教学方面的知识与技能。因此，中高职院校可以依托本校的相关专业，建立职业启蒙教育师资队伍，与中小学教师合作，共同开发职业启蒙教育的课程及活动项目。一方面，要凝聚职业学校教师的力量。将专业的知识设计成青少年们能理解的课程及活动是一项复杂的工作，并且缺少相关的经验可以借鉴，因此，需要多位教师合作，共同完成。同时，职业院校也需要建立专门的管理团队，对各院系的职业启蒙教育师资队伍进行统一管理。搭建以项目为主体的职业启蒙教育团队，包括负责相关活动全过程管理的学校管理团队和负责职业启蒙教育课程开发的院系专业开发团队，两个团队协调合作，共同促进职业启蒙教育活动的提升。另一方面，职业院校的职业启蒙教育师资要和中小学的职业启蒙教育师资进行合作。职业学校的教师对与职业相关的知识、技能储备丰富，中小学教师对基础教育阶段的学生更为了解，职业学校与普通学校的教师要发挥各自的专长和优势，共同促进职业启蒙教育项目的建设。

3.积极宣传，吸引社会组织机构人员的参与

职业启蒙教育活动的开展需要师生走出校门，走到社会中去，职业启蒙教育教师的培养同样也要走出校门，依靠社会的力量，丰富教师关于各种职业的知识储备。社会组织机构要打破"围墙"，一方面为职业启蒙教育教师提供校外的培训平台，让学校教师进入企业、组织机构中参观，以提升教师自身对各种职业的认识与了解，同时也便于教师收集职业启蒙教育素材；另一方面也要为职业启蒙教育教师开展相关活动提供平台保障，解决缺乏相关活动平台的问题，为教师提供强有力的平台支撑。

职业启蒙教育师资队伍的主体是学校教师，但是这并不代表职业启蒙教育活动只依靠学校教师开展。校外组织机构的工作人员作为一种人力资源，除了积极配合教师开展的职业启蒙教育工作外，也要积极参与到职业启蒙教育中去，成为校外职业启蒙教育教师。社会组织机构的工作人员应积极组织相关活动，指导学生的发展，让学生通过现实的"职业人"，了解职业的工作内容，获得对多种职业的直观感受和认知。

三、职业院校青少年职业启蒙教育的经费保障

1.争取政府资金支持

充足的资金支持是顺利开展职业启蒙教育的外在保障。政府应将职业启蒙教

育活动纳入财政预算，成立专项教育经费，在财力方面提供充足保障。从目前全国普职合作情况来看，率先开展普职合作的地区主要集中在江浙沪等发达地区，这与当地经济发展水平、优质教育资源也有一定联系。因此，国家层面应考虑到各地区教育资源不均衡问题，加大欠发达地区在职业启蒙教育的专项资金投入或补贴。一般来说，学校自身难以有充足的活动经费支撑职业启蒙教育。一些高职院校在和中小学的早期合作过程中，一直是以本校教育经费作为职业启蒙教育的活动资金，但因为难以长期提供充足的活动经费，合作一度陷入困境。后来，省市级政府出台了相关政策文件后，为职业启蒙教育提供了专项经费，让普职校的合作更加有动力。职校之前与中小学合作是基于一项课题，活动经费也来源于课题，所以合作学校比较受限。后来，区政府出台统一文件，为整个区域职业启蒙教育成立专项基金，为区域普职校整体推进职业启蒙教育提供了强有力的保障。

2. 争取社会资金投入

除了政府提供职业院校和其他学校开展职业启蒙教育的专项资金，职业院校还可以利用自身学校的社会资源，鼓励更多社会组织参与职业启蒙教育，激发教育活力。一是运用市场化机制配置社会整体职业启蒙教育资源。学校和社会之间的资源能够双向流动，打破学校资源固化的瓶颈，通过有序有偿的交换形式，有效盘活社会资源和资金。社会组织有着特殊的职能，对职业启蒙教育的发展起着公益性、群众性、宣传性的作用。相比较普通教育而言，职业教育是一个成本投入需求更大的教育类型，根据联合国教科文组织调查，发现职业教育是同层次普通教育投入的3.58倍。但是，纵观世界各国，职业教育的财政投入无一例外地远低于普通教育。使用市场化机制，一方面可以发挥市场在资源配置中的决定性作用，广泛调动社会力量，引导更多资源流向职业启蒙教育；另一方面可以提高有限职业教育资源的利用率，使同等投入获得较高回报，从而缓解教育经费短缺的问题。二是可以与教育型企业合作，打破学校之间合作的壁垒，将更多行业企业资源融入职业启蒙教育。职业院校可以与企业合作，鼓励企业提供资金支持，学生可以去企业参观体验，企业的相关教育产品也可以在此过程中得到宣传和推广的作用。

3. 规范使用社会资金

实现行业协会参与职业启蒙教育经费支持的规范化。鉴于职业启蒙教育的准公共产品属性，法律应明确给予行业协会与职业启蒙教育以经费支持，并确保其职业启蒙教育收益。行业协会是由会员企业组成的互益性经济社团组织，互益性决定了协会服务于特定的行业群体，非营利利性质决定着协会的运作方式，因此，在服务于具有社会公益性质的职业启蒙教育时，必须由政府与企业共同提供财政支持与活动经费，来确保行业协会活动的有效开展。会员企业缴纳费用的数额与方式、政府提供职业启蒙教育经费支持的规模与方式、行业协会收入用于职业启蒙教育与培训的占比等，都应该在法规中作出明确规定，以确保行业协会有充足经费支持来承担职业启蒙教育职责。此外，税收减免、职业启蒙教育与培训服务所得收入税收优惠等也应该在法规中进行明确体现，保证行业协会的职业启蒙教育与服务收益，提高其参与积极性。

四、职业院校青少年职业启蒙教育的校内外合作保障

1.与企业合作

与企业合作创新是职业院校促进青少年职业启蒙教育提升的必然选择。参与青少年职业启蒙教育是企业履行社会责任的一种体现。国外企业社会责任实践也表明，企业履行职业教育社会责任并不完全依靠自觉性，更多是在于外部的规范、激励和保障。例如，完善职业教育利益补偿机制。企业参与职业教育不是纯粹的慈善行为，成本效益的核算是企业经济行为的基本出发点，必须保障企业在履行职业启蒙教育社会责任过程中产生的时间、生产和培训等各类成本的经济补偿。特别是一些中小微企业，既有低价劳动用工需求，又顾虑参与职业教育的实际成本，而且往往这类企业在校企合作中容易出现短期收益亏损的现象，应允许其通过合理方式获取补偿以真正减轻企业履行职业教育社会责任的成本。要明确企业参与职业启蒙教育主体权利。企业参与职业启蒙教育并不是单向行为，而是权利和义务相互作用而产生的均衡状态。不仅需要从企业社会责任角度强调企业参与职业启蒙教育的合理性，更应当明确并保障企业参与职业启蒙教育的主体权力，而不仅仅是强调企业参与职业教育的主体身份。要落实企业履行职业教育社会责任的激励机制。一方面，对积极履行职业启蒙教育社会责任的企业，由职业院校进行宣传、嘉奖，由政府组织相关部门给予信贷融资、财政资助、荣誉品牌和土地使用等配套优惠，如国有企业可从应缴纳的教育费附加总额中扣除办学支

出；另一方面，对于逃避履行责任的国有企业给予相应处罚，形成倒逼机制，加大企业逃避履行责任的成本。

职业院校对合作参与职业启蒙教育的企业也应加强科学分析和选择。研究表明，企业的冗余资源越多，越有意愿和能力进行校企合作，并大力支持与高校的合作创新，努力促进校企合作创新成果的不断提高。因此，职业院校在选择青少年职业启蒙教育工作的企业伙伴时，既要看校企双方合作资源的互补性，又要看企业冗余资源的不同类型及冗余程度，采取合适的合作模式，并根据企业冗余资源的不同类型及冗余程度选择合适的校企合作创新模式，从而更有效地促进校企合作对青少年职业启蒙教育的保障、创新和发展。职业院校应加强与人力资源冗余、技术冗余较多的企业合作。研究表明，企业人力资源冗余、技术冗余均与校企开展合作的驱动力、合作稳定性、合作成效显著正相关。因此，职业院校在选择青少年职业启蒙教育工作的企业伙伴时，尽量选择与人力资源冗余、技术冗余较多的企业合作，这样，校企合作项目易于达成，以后的校企合作持续发展会更顺畅；并且，在双方合作过程中，还要加强对合作企业的人才培养和技术创新研发支持，大力增加合作企业的人力资源冗余、技术冗余的积累，这样才能更好地促进校企合作创新的健康稳定发展。

2.与行业协会合作

充分发挥行业协会的职业教育决策咨询职能。行业协会以组织身份或者行业协会组织成员以个体身份介入职业院校职业启蒙教育与培训的注意管理机构，参加国家职业启蒙教育相关会议，以提供咨询、建议等方式影响国家职业启蒙教育的相关法律法规制定与修改、政策出台、发展规划等宏观管理。由行业协会与各级教育行政部门、企业行业、职业教育专家、学生家长及社会各界共同参与职业启蒙教育决策，形成多个参与中心，实现职业启蒙教育参与主体多元化。为行业协会发挥决策咨询提供身份认可，给予其充分话语权并切实尊重，采纳其提交的职业启蒙教育培训咨询合理建议。

更好发挥行业协会的职业教育管理职能。在涉及职业启蒙教育的标准管理、证书管理与质量管理过程中，行业协会作为实施管理、监督的主体，主要有两种实现路径：一种是直接管理模式，行业协会作为管理与监督职业教育的专门机构，全面负责职业启蒙教育与培训，这是一种典型的"强治理"模式，行业协会在某种程度上发挥了准行政管理职能；另一种是间接管理模式，由行业人员为主构成的行业培训委员会、行业技能委员会和行业能力标准委员会等机构参与，提供充分反映职业特点和技能变化的职业启蒙教育。

提高行业协会的职业教育服务职能。通过与行业协会合作，与行业协会共同集中精力解决好以下问题：一是集中行业专家与行业资源开展行业特点和技能发展预测，制定行业职业启蒙教育和培训发展规划，为启蒙教育体验课程调整、课程开发、实践教学与青少年提供技术专家支持。二是搭建校企合作或产学研合作平台，展示院校职业启蒙教育和科研办学成果，组织高职院校参加职业启蒙教育相关竞赛，举办职业院校论坛、企业家论坛、专业研讨会等，实现资源交换，推进信息流动。特别是集中力量解决当前困扰职业启蒙教育的一些关键问题，如为解决青少年参加职业启蒙教育体验、教师和企业实践问题，搭建广泛的线上与线下相结合的交流平台或者"一站式"服务平台。三是组织行业会议，定期开展行业职业启蒙教育情况调研，出版相关研究报告；组织企业参加国内外职业启蒙教育交流活动等，搜集行业相关信息，以服务于职业院校职业启蒙教育工作，发挥行业协会的信息枢纽功能。

实现产教对话活动制度化。产业界与职业教育界对话活动的制度化是构建行业协会与职业启蒙培训教育管理部门之间的对话机制。意识到产业部门对职业教育成功的重要意义，自2010年以来，教育部牵头并广泛开展了产业界与职业教育界对话活动，截至2017年底全国已经成功开展了90余次产教对话活动，建立了59个行业职业教育教学指导委员会。各种咨询机构、职教与行业战略对话会、信息供求会等也成为行业协会的企业教育需求与利益表达的重要政治渠道。通过这些常规性的制度渠道实现政府与企业、教育与企业间的有效沟通和利益表达，并具有一定的效果。为更好地发挥这一作用，需要通过制度化的规定推动教育管理部门与行业协会之间的对话与磋商，在研究、讨论重大政策和法律问题时，可以邀请职业教育领域权威专家和高级别政府官员出席听取意见。

3.推动公众参与

21世纪以来，网络技术、媒体的广泛应用以及社会舆论力量的强大，使得网络等媒体逐渐成为各种主体施加影响的重要渠道，成为社会公众参与职业启蒙教育的重要渠道之一。因此，可以借助媒体力量，发挥社会舆论影响，营造支持社会公众参与职业启蒙教育的氛围，推动社会公众关心、支持、参与职业启蒙教育。例如，通过媒体对社会公众代表人士或团体积极主动参与职业教育活动进行广泛宣传，报道社会公众参与职工技能大赛、组织企业参观职业院校技能大赛、组织或者参与产教对话活动、组织行业内职业学校教学经验交流活动、制定职业标准等宣传活动，营造一种社团组织积极参与职业教育的氛围，这既是对社会公众参与的一种行为鼓励，也是树立社会公众代表人士或团体威信与公信力的舆论方式。使用伦理道德、职业道德规范推动公众参与和监督职业启蒙教育的社会责任。缺乏社会公众代表人士或团体的参与，职业启蒙教育活动出于相关法律规范而承担社会责任仅仅满足了社会对其最低程度的预期，但由于法律无法包含包纳一切，为伦理道德、职业道德规范的约束提供了可能性与必要性。与法律等正式约束相比，伦理道德、职业道德规范具有自发性、非强制性、广泛性和持续性等特点；通过树立道德导向、舆论引导来促发社会公众关于职业启蒙教育的讨论，有助于加强社会公众主动参与职业启蒙教育共建、共享的主人翁意识。

第 五 章

反思与展望

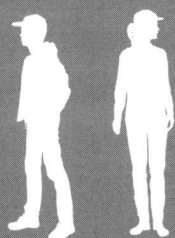

职业院校服务青少年职业启蒙
教育现状反思

一、职业院校服务青少年职业启蒙教育现实问题反思

1.职业院校在职业启蒙教育中的任务与角色不明确

职业院校是开展职业启蒙中的重要力量，其在职业启蒙服务中的内在动机是什么？在职业启蒙过程中承担的任务和角色是什么？在职业启蒙教育的参与中用何种实施模式？职业院校在服务青少年职业启蒙时的目标、任务、角色定位与实施模式仍然不够清晰，这势必成为影响国家推进职业启蒙教育实施过程中的痛点。

当下，职业院校参与职业启蒙教育主要表现在以下几个方面：

第一，提供职业启蒙教育资源。在职业教育启蒙的实施过程中，可以共享教学场地，把青少年请进校园，学校提供免费的职业体验课程，让中小学生、家长及社区有职业启蒙的资源可以使用。

第二，开发和建设职业启蒙教育的课程。职业启蒙教育的发展离不开课程的开发和建设，这是推动职业启蒙教育的有效路径，也是目前职业启蒙教育亟须解决的关键问题之一。由于职业院校的职业属性，他们天然具备开发和建设职业课程的优势，并且可以在具体的实践操作中充当课程建设开发与管理的角色。

第三，组织开展职业启蒙教育的相关项目搭建职业启蒙教育平台。职业院校在发展中与行业、企业合作紧密，在政府的支持下，利用与行业、企业的合作渠道为职业启蒙教育构建多主体参与的平台，开展常态化、专业化、丰富化的职业启蒙教育项目，同时推进学校、行业、企业多方合作机制的建立。此外，职业

院校可以根据自身发展战略的科学评估，通过有目的的选择在职业启蒙教育中承担的角色与任务，主动参与到职业启蒙的教育系统中，这样不仅提升了职业院校参与社会使命的意识，也可以使学校层面的决策更科学，提升学校的社会影响力。

那么是否可以思考，除了上述所讲的三个方面外，还可以进一步拓展哪些职业院校服务职业启蒙教育的内容？如可以承担起研究职业启蒙教育理论的任务，创新职业启蒙教育实践的任务，培养职业启蒙教育的师资的任务，要让职业启蒙教育真正成为职业院校教育教学的一部分，而不只是职业启蒙教育的服务者。

2.职业院校服务职业启蒙教育内生动力不足

内生动力是开展活动的源泉，是指因为组织内部生存发展的需要而产生的自发动力，是源于个体内部的需求。目前，很多教育专家、学者对职业院校参与职业启蒙进行研究，构建了职业院校参与职业启蒙的顶层设计，但是目前职业启蒙教育本身仍处于前期的探索阶段，职业院校服务职业启蒙教育的优秀典型实践案例还比较少。这种现象主要原因是职业院校在开展职业启蒙教育方面缺乏内驱力，也就是说，职业启蒙教育在学校内在发展的需求上来说，缺少必要理由，缺少内在动力。

一方面，政府在职业启蒙教育的发展过程中政府是特别重要的推动力因素，2017年，《国家教育事业发展"十三五"规划》中明确提出要"在义务阶段开展职业启蒙教育"，政府制定和颁布了很多政策法规，在政策指导下组织具体活动，处在主要位置的都是政府部门。政府部门成为职业启蒙教育的政策制定者，积极组织者、引领者、推动者和监督者，而作为职业启蒙教育体系中主体的职业院校、中小学却一般处于被动位置，学校更多的是遵循国家政策、开发职业启蒙课程、开展职业启蒙活动；在课程的教育效果，启蒙活动的多样性、有效性方面以及参与职业启蒙的主动性方面还需进一步深入。政府的相关部门在职业启蒙教育体系应该履行好引领、整合资源的同时，要致力于提高其他启蒙主体的积极性。目前，在职业启蒙教育实施的过程中，有一部分项目职业院校在实施参与开展职业启蒙的过程中收获较少，这种的现状必然导致职业院校参与职业启蒙教育的积极性不高。

另一方面，职业院校重视对学生的技能培养，重视校企合作，对职业启蒙教育的重视程度还不够，教师对于职业启蒙教育的内涵外延缺乏了解，这就导致了在职业启蒙教育的实践中，职业院校的积极性不高，其开展职业启蒙活动的动因基本上是来自国家的政策引导、政府机关的扶持等外部推动力量，执行起来显示的是被动回应。在这种状态下，呈现的结果就是职业启蒙教育的活动形式化，体验活动零散化，形成体系，效果优良得以固化的职业启蒙教育活动欠缺。职业院校在日常的工作中更多的是考虑是教育教学的任务目标、学校自身发展和工作中存在的现实问题，这些与职业启蒙教育关系不大。职业启蒙教育是在普职共通的时代背景下的重要工程，其成果需要长时间的累积才能凸显出来，是具有长期性的系统工程。学校、政府、行业、企业、社会组织等参与职业启蒙教育不积极，在实施过程中，职业院校的主体责任没有得到充分发挥，学校作为资源提供者服务于职业启蒙教育，缺乏对职业院校本身社会使命和自身利益诉求的剖析，实操环节中也面临着为什么进行职业启蒙，职业启蒙该如何做、做什么的问题。

3.职业院校与中小学合作表象化

职业院校和各中小学是职业启蒙教育众多因素中最主要的部分，其承担着职业启蒙工作的大部分内容，需要双方开展深入合作。在职业启蒙的教育体系的构建、课程的开发、品牌的建立、资源的拓展等方面都应交流合作，确保双方的合作向纵深拓展，而双方缺乏深度交流。目前，职业院校和中小学合作表象化现象比较严重，合作的表象化意指双方在合作的过程中仅停留于浅层次的开展，许多活动内容交叉、重复，甚至呈现一种无序的状态。现阶段职业院校和各中小学在职业启蒙教育合作呈现出表象化的状态，这种情况在某种程度上违背了国家职业启蒙的初心，甚至浪费了大量的教育资源，青少年学生的职业启蒙效果不好，也很难形成对职业启蒙的深刻认知。职业启蒙教育的目标是要帮助中小学生对职业、职场有初步的认知，辅助他们在青少年阶段可以树立正确的职业理想，为将来的职业生涯做好准备。如果职业教育流于表象，职业启蒙教育不能成体系，参与者不能深入合作，这种状态下的职业启蒙教育必将会导致职业学校没有深入地研究职业启蒙，在项目设计、课程开发、平台搭建等内容的实施中缺乏科学性，缺乏针对性青少年的特别定制，最终对青少年的职业启蒙分散、残缺，不能达到对青少年的职业认知启蒙的目标。

4.职业启蒙教育课程体系和师资队伍有待优化

现阶段，普通教育与职业教育相对各成体系、独立发展，普职融通的提法虽然提出的比较久，但两者之间的融合发展稍显滞后。在这种背景下，职业启蒙教育的效果不佳，究其原因在于：缺乏健全、合理、清晰的职业启蒙教育课程体系；稳定、专业的教师团队不足；固定、丰富、职业化的职业体验平台欠缺等。有部分中小学也正自行研究开设劳动课等职业体验课程，但是职业启蒙课程还比较零散，仅是通过一些简单的劳动课程、浅显的综合实践来实现，职业认知、职业体验、职业规划、职业素养等还未成体系；当然有些职业院校在当地的职业启蒙教育中也发挥着主体作用，但是理论基础比较薄弱，职业启蒙教育的实现路径和策略的研究起步较晚。因此，职业启蒙教育的重要作用还不能充分体现出来，其对中小学生未来职业选择、职业理想的树立、职业价值观的塑造方等面的功能还稍显乏力。

从资源和教师的角度来看，职业院校有能力开发职业启蒙课程。然而，由于很多客观原因，职业院校教师参与职业启蒙教育的程度相对较低。即便是参与职业启蒙教育，由于缺乏职业启蒙相关的课程和活动的设计经验，导致课程缺乏科学性和系统性。职业启蒙教育有着自己的内在逻辑，教育目标应该和青少年身心发展特点相适应、相匹配，设置的教育内容应呈螺旋式的上升模式，要注重内容的前后衔接，达成科学的课程体系，只有这样职业启蒙教育才能实现较好的效果。此外，职业启蒙教育的课程开发需要具备职业技能理论知识，开展职业教育且从事职业启蒙教育的专家教育团队，在团队立要包含职业教育领域专家、青少年启蒙教育专家、中小学教育专家等，通过师资队伍建设，设计合理的课程体系，挖掘职业启蒙教育的内涵，拓展职业启蒙教育的开展形式，打破表象化，实现职业启蒙的高质量、有序化发展。

同时，职业院校为职业启蒙提供教育资源，包括教师资源和实训室资源，那么要怎样在日常教育教学工作正常进行的基础上，充分调动教师参与职业启蒙教育的积极性呢？教师具有深厚的理论基础，他们是开发和设计职业启蒙课程，他们要在甄别职业启蒙与职业教育课程的不同的基础上，挖掘二者在"职业"内涵上的差异，探索怎样从职业院校的专业技能等职业类课程中提炼"职业"元素运用到职业启蒙中……这些问题都有待进一步解决。

5.职业启蒙教育资源分散、整合能力不足

现在，社会上出现越来越多的职业启蒙方面的场所和资源，但是教育资源越来越多，资源之间的整合欠缺，体系设计、共享意识比较淡薄。职业启蒙教育资源是指所有用于服务职业启蒙教育发展的人力、物力、财力以及信息资源的总和。职业启蒙教育是系统性工程，需集聚资源优势方能形成合力，在实施过程中，要形成家庭、学校、社会多方联动的局面，创新职业启蒙教育的普及形式。职业启蒙教育资源整合是为了最大限度地、合理地、科学地配置和调整现有资源，追求资源结构利益和社会效益的最大化。职业启蒙教育是多个主体参与、互相作用、共同分享，利用教育资源优化内部及外部的教育环境，从而多方获得利益的过程。目前，职业启蒙教育的资源众多且分散，职业启蒙教育参与者的整合能力不足，导致了政策导向不明确，参与主体不明确，行动路径不明确等情况。因此，职业启蒙教育资源应当整合多方优势，达到最佳教育目的。研究表明，资源整合的关键是在职业院校、普通学校、政府、行业企业等多方参与者之间建立协调合理的资源共享关系。

二、职业院校服务青少年职业启蒙教育的推进策略

1.机制体制建设方面：一体化构建

要加强构建多位一体职业启蒙教育体系是当今职业教育的重要内容之一。教育由多个不同因素相互作用而存在的复杂体系，它不只是学校、家长的职责，也是整个社会，多个领域的共同任务。我国教育的目标是培养优秀的社会主义事业的建设者和接班人，培养高质量的技术人才，高质量的教育体系需要政府、学校、家庭、社会组织等多方面的共同努力。在教育体系中，每个因素都要践行自身的功能使命，保障教育的顺利实施。职业启蒙教育是为学生未来就业打好基础，企业则是学生未来就业的场所，因此校企联合培养也有助于中小学生的劳动和职业启蒙教育。学校的劳动和职业启蒙教育必须联手企业，为学生创造出一个更为真实的职业教育环境，例如，职业院校中实训课大多是在校内实训基地完成，一方面在校内实训时可以采用职业扮演、情景模拟的形式开展实训活动；另一方面也可以联系相关企业，到企业中进行实地的体验参观。在参观的过程中，

真实、真切地感受企业的运作和员工的工作状态，也可以聘请企业优秀的专业技术人员，技术的能工巧匠来介绍解说企业文化、岗位职责与职业要求，让学生切身感受职场氛围，从而激发职业兴趣，树立职业理想，达到职业启蒙的目的。

2.基地建设方面：打造共享型、公益性职业启蒙基地

政府部门要积极推动职业启蒙教育基地的建设，提倡职业教育资源共享，面向基础教育开放，真正做到普职融通。此外，政府部门还要由专业部门指导职业启蒙教育基地的标准化构建，从而提高中小学生的职业启蒙教育质量，开发高质量劳动教育课程。县级以上人民政府教育行政部门要明确本区域中小学生劳动和职业启蒙教育基地建设标准，提供条件支持、引导职业院校、职业机构以及企业、行业整合力量开展基地建设，使得每个县（区）的区域至少建有一个中小学生职业启蒙教育基地。一方面要注重与地方的支柱产业、特色产业对接，形成一体化融合的产业文化、职业文化和传统文化等；另一方面注重突出工学结合、知行合一的职业教育特点，围绕中小学生职业启蒙教育的需要。

建立校内职业启蒙教育体验基地，这项工作主要由职业院校各专业与各地区中小学协作进行，共同开展劳动和职业启蒙教育。加强校内职业启蒙教育体验基地的建设工作，首先必须制订基地建设标准，推进体验基地建设网络的形成，基地的建设必须要秉承"工学结合、知行合一"的原则，围绕中小学生劳动和职业启蒙教育的需求，与地方的特色产业、支柱产业对接，融合传统文化、职业文化与产业文化，在中小学生教育中除了基本的劳动和职业启蒙教育传统课程外，还必须定期开展职业活动周、职业扮演等活动，职业院校有条件较完备的实训基地，劳动资源丰富，有充足的硬件设备用于同各中小学联合开展职业反哺教育，依托这些硬件设备，职业启蒙教育能更直观、更有效地开展中小学生的职业启蒙教育。因此，职业院校通过把实训基地等设备向中小学开放的方式，把中小学生们请进校园，让他们在职业体验、实践观摩中感受不同职业劳动的美好，感悟劳动者的伟大光荣，从小树立工匠精神，从而开启他们的职业梦想。

3.职业启蒙课程建设方面：普职融通

（1）普职共同制定教育目标体系。

教育目标是最为关键的一步，所有的步骤都是围绕教育目标展开的。知识

性质与教育目的之间有着密切的联系，制约和影响着教育目的，职业启蒙教育所选择的知识与传统学科教育不同，因此，在设置教育目标时，需考虑到职业知识、技术知识的要求和特质。首先，普职校需要共同讨论，明确中小学生所需要的职业相关知识、职业素养和职业能力。这种职业能力与职校生所应具备的职业能力有所不同，针对中小学生，这种通用的、普遍的职业能力是什么，需要重新定义。其次，依据不同学段学生设置不同的教育目标。小学低学段、高学段、初中生和高中生的职业启蒙教育目标是有所不同的，小学低学段以了解职业、自我观察为主要目的，小学高学段以职业探究、职业体验为主要目的，初中生以职业认知、职业体验、职业兴趣探索为主要目的，高中生则侧重于职业探究、职业规划、自我评价与反思为主要目的。通过设置不同学段学生的教育目标，搭建一个纵向、呈梯度的职业启蒙教育目标体系，让学生从小学到高中，能有一个进阶、持续的学习和成长。

（2）普职共同开发职业启蒙课程。

课程开发是职业启蒙课程实施的重要抓手。首先是课程开发主体的多元化。普职联合开展职业启蒙教育，职业学校教师、中小学教师应当共同参与课程开发。因为职业启蒙教育的主要实施场所在职业学校，且课程内容是与职业直接相关的，因此职业学校教师应该是职业启蒙课程开发的主体，这也是保证职业启蒙课程专业性的保障。中小学教师需要起到辅助和协助的作用，将中小学的综合实践活动课程与劳技课程实施情况与职校教师沟通，避免职业启蒙课程与其他课程相冲突。另外，中小学教师可以与职校教师共同探讨，如何将职业启蒙内容融入中小学原有的劳技课或综合实践活动课程中，丰富职业启蒙教育的课程形式。其次在课程开发内容上，要突出体验和可操作性，将复杂繁琐的技能操作简化。面向中小学的职业启蒙，课程开发的内容侧重于实践知识和技术知识，这种知识类别需要与活动紧密相连，具有一定情境性。因此，需要挖掘职业特色，重在通过体验和学生动手实践，让学生了解职业知识，启迪学生职业兴趣，树立正确的职业理想。

职业启蒙教育应当从小学、初中到高中，建立起一个纵向贯通的一体化课程体系，学生能够在不同年龄段接受不同程度的职业启蒙教育。"相比于某个固定年级参加职业体验这种形式，一体化的教育对于个体发展来说更有意义。"小学低年级主要是了解职业，通过职业方面的讲座和参观，将学生慢慢带入职业世界和社会环境，高年级可以通过职业体验，加强自身与职业环境的联系，通过实践感知职业世界和岗位工作要求。初中生加强职业体验，逐渐发现自己的兴趣和特长，能够根据自己的兴趣爱好，进行初步的生涯规划。高中生通过活动探究、深度的职业体验、反思与总结等，将个人发展与职业世界、社会发展相联系，能够对未来生涯发展有较为明晰的规划。

职业院校拓展职业启蒙课程的方式，可以采取依托基地进行授课、送启蒙课程到中小学校、针对不同青少年进行特殊定制等方式，不同阶段进行不同的职业启蒙课程，如在小学阶段开展"职业了解"课，在初中开展"职业探索"课，在高中开设"职业准备"课，这样一系列的职业启蒙教育活动课程，用沉浸式的体验助推中小学职业启蒙教育走深走实，全面提升青少年核心素养。

（3）普职共同实施职业启蒙课程。

首先，寻找普职合作的契合点。就目前实践情况来看，职业启蒙教育最主要的实施途径仍然是职业体验。一方面，职业体验可操作性强，实施效果较为直观；另一方面，职业体验可以带动学生参与到职业情境中，让学生将动手与思考相结合，更让学生有代入感，能够激发学生的学习兴趣。职业体验教育只是职业启蒙教育的一种有效的活动形式，若全部依赖于职业学校来开展职业体验，对职业学校本身的教学秩序也有一定影响。职业学校所开展的职业体验活动，大多集中在一学期的 1~2 天，而且受众对象受限。再加上中小学的学科课程负担较重，若单独开设一门职业启蒙课程，难以有良好的实施效果。为此，把职业启蒙与中小学的日常教学活动相融合，可以减少一些时间成本和师资消耗。也可以把职业院校针对中小学生特点量身定制的不同阶段特色职业启蒙课，融入孩子们的劳动课程中，把劳动技能学习加强到职业体验中，使职业启蒙课程升级。利用中小学的德育课、家长开放日、劳动和综合实践活动课等课程，分享职业知识讲座、工匠精神、劳动模范故事、优秀职校生故事分享等内容。其次，探索线下与线上相结合的方式。尤其是新冠肺炎疫情突如其来，对学校教育教学造成了很大影响。在线教学成为后疫情时代一种重要的教学方式，职业启蒙教育也可以探索线上的视频、音频学习，打破教育的空间、时间局限。搭建多元化的职业启蒙学习和互动平台，构建网络化、个性化的职业启蒙多媒体课程，使广大青少年可以"足不出户"进行职业启蒙的学习。通过不同形式的开展，将职业启蒙教育融入学生日常的方方面面，将学生一直置于职业启蒙的教育环境中。若想真正发现学生的兴趣，需要营造一种适合兴趣萌芽的氛围。职业启蒙是学生发现兴趣的一个教育过程，因此在社会中营造全面、健康、轻松的职业启蒙氛围以激发学生兴趣，至关重要。

（4）普职共同挖掘政企课程资源。

职业学校蕴藏着丰富职业启蒙课程资源，这是职业学校在合作中的最大优势。实施职业启蒙教育需要高质量的人力和大量的物力和财力，而这些天然的课程资源能大大节省时间、精力和资源。由于职业启蒙教育的对象不同，职校的课程资源也需要进一步转化。因此，在课程开发时，需要针对中小学生特有的身心发展规律。职业学校的实训中心可能也不完全适应中小学生，需要对实训设备、体验环境和操作内容进行优化，符合中小学生的接受程度。另外，充分利用企业资源、发掘校外其他实践基地资源、开发中小学课程资源以及家长资源，将多方面的资源进行整合，真正提高职业启蒙的资源利用率。

（5）普职共建学生评价体系。

要从各方面来检验学习经验在学生学习过程中是否起作用，必须通过评价来体现。目前，职业启蒙课程的评价机制不完善，一些职业学校和中小学只是将职业体验作为双方学校的任务来完成，对于体验后学生的实际效果没有更深入的探讨和动态追踪。职业启蒙教育的评价应该是多维的，既包括职校教师对中小学生的评价，也包括中小学教师对学生的评价。从现有的评价内容来看，大多是围绕在职业体验等活动的显性效果层面，较少关注到学生隐性的意识形态层面，学生是否有得到真正意义上的"对职业的启发蒙昧"，需要从多方面全方位开展评价。另外，还需关注学生可持续的成长过程，进行学生的动态监测，了解学生对职业的认知动态，真正促进学生在职业探索上的可持续发展。

4.师资队伍建设方面：多元共建

职业启蒙教育因为其本身所具有的复杂性、多样性，因此在师资队伍上也需要专业的、多元化的师资力量。职业学校的教师、中小学教师或校外专家，将不同师资队伍进行整合，实现不同师资类型的优势互补，共同助力高质量的职业启蒙教育。

（1）提升职校教师的专业化能力。

职业学校教师本身具有专业化的知识和技能，能够担当职业启蒙教育的研究者和专业化的启蒙教育者。一是职业学校相关领导做好宣传和组织工作，倡导职业院校教师为培养更多高质量人才积极投身到职业启蒙教育，让教师的职业使命感在普职联合开展的职业启蒙教育得到充分体现。职业院校参与职业启蒙是职校发挥社会服务的窗口，也是向社会展示职业教育育人过程的一个契机。二是要对职校教师进行课程教学的培训。职校教师要转化现有的专业知识和技能，重新开发适宜中小学生的学习内容。职校教师主要以面向职校生上课，所教授的都是专业化的知识和技能，但这种知识和技能系统并不能直接面向中小学生，因此，需要职校教师重新对课程目标、内容和资源进行深层次的优化。目前有些职校教师认为，中小学生进职校只是为了体验，因此在课程开发时，直接将职校课程内容随意简化，并不能达到让学生体会职业的精神和内涵。三是职校教师在教学过程中需培养学生的职业意识和反思总结能力，通过自我意识、角色、技能和知识等，让学生积极探索自己的世界。职校教师要认识到，学生所进行的职业体验等活动，不仅仅是积累直接经验，更要通过反思总结概括成抽象知识，将外界的直接经验内化为个人知识。

（2）唤醒中小学教师职业启蒙意识。

首先，提高学校劳技课或综合实践活动课教师的专业化能力，在日常课程教学内容中融入职业启蒙专题。劳动与职业存在着密不可分的联系，劳技课或综合实践活动教学过程中，教师可以把动手实践的内容融合到职业启蒙课程中。劳动教育、综合实践活动和职业启蒙教育在内容、目标、途径方面有统一性，在动手实践、课题探索等过程中有意识地融入职业知识，能够启发学生将劳动与职业联系起来，以启发学生对职业的思考和探索。同时，融入职业启蒙，能够减少两种教育活动的投入，减少不必要的人力、物力和财力。

其次，提高学科教师的职业启蒙意识，在学科课程中融入职业启蒙内容。在我国现有的学科体制下，中小学升学压力较大，设计还未存在的职业启蒙常规课程需要大量时间，目前最快捷的路径是在其他课程中渗透职业启蒙要素，这也能让教师意识到，职业启蒙教育其实是丰富教学内容和促进个体发展的内在要求，而不是一种外在教学压力。在语文、数学、英语等学科教材中，其实有很多与职业相关的内容，如教材中的具体人物故事，数学知识在职业生活中的应用等，将适当的职业世界与学科教学有机结合，化零为整实施职业启蒙教育。这个过程需要教师对教材内容进行"再加工"，有意识地引导学生对职业世界的了解、认识和探索。

（3）凝聚校外多元师资力量。

职业启蒙教育的本质特征决定了不能仅依靠学校的师资力量，应吸纳更多的社会兼职教师，共同助力职业启蒙教育。首先，可以邀请能工巧匠、劳动模范进校园，通过现场展示或视频播放等可视化方式，展示各行各业劳动者的精湛技艺，还可以让学生跟着大师共同创作，在动手操作中感悟工匠精神的魅力，也能够更好地诠释和传递工匠精神，让学生能够感受到精益求精的态度和追求卓越的优秀品质。其次，职业学校有很多校企合作单位，通过"企业大师进校园"或"走进企业"等形式，真实感受企业岗位工作情境，近距离了解工作世界。最后，凝聚社区及家长资源，通过家长第二课堂的形式，带动家长参与到职业启蒙教育中，向孩子介绍自己的职业特点，让学生能够从日常生活中积累职业信息，丰富学生的真实感受。例如，美国每年都会举办"带孩子上班日"（Take Kids To Work Day），企业会为员工子女安排特别的场地和体验项目，让孩子能够有机会接触工作内容，了解工作世界。

（4）推动理论与实践更好地结合。

"目前，关于职业启蒙教育的学术研究仍然比较薄弱，学界对于职业启蒙底是什么，要发挥什么作用，针对不同年级学生，如何衔接课程，这些问题都还未明确。"另外，有学者认为，目前职业启蒙教育的研究虽然视角比较全面，但缺乏深入研究，停留在浅层次的讨论，没有给出切实可行的策略和建议。教育行动的本质，在于从更深层次探索教育活动的内涵。合作，作为一种组织层面的社会行为，在推动着职业启蒙教育向一种完善的教育活动发展职业启蒙教育领域的研究专家是合作的智力支持者，是实践活动的介入者。研究专家应走进实践场域，与一线普职校教师共同在实践中发现问题，分析问题，对症下药地解决发展困境。在此过程中，普职校的教师不仅能够加强沟通和交流，还能促进自身科研能力的提升，从而推动职业启蒙教育理论与实践的共存共生。

第二节　职业院校服务青少年职业启蒙教育未来趋势

职业启蒙教育是国家重要的教育政策之一，在现代职业教育体系中起到非常重要的作用。从某种程度上说，职业启蒙是职业教育体系在基础教育上的延伸，广大的小朋友、青少年认识职业的重要途径就是职业教育，它是把学校教育和社会工作连接起来的重要桥梁。目前国家重视职业启蒙教育，在基础教育阶段开展劳动教育，开展职业启蒙，这是现代社会发展的必然诉求。在现实的操作中，由于中小学是基础教育，能用于职业启蒙的硬件教学资源比较有限，这些条件限制和掣肘了中小学职业启蒙教育的发展。并且，职业院校比较充足的师资条件和实训设备让它比其他社会机构具备了开展职业启蒙教育的天然优势，因此，可以通过普职合作、普职融通的尝试探索来激发职业启蒙教育的活力。首先，职业院校有充足的实训条件，实训基地可以为职业启蒙教育提供更加真实、直观的实践场所让学生的职业体验，劳动技能操作达到最好的效果，从而职业院校是职业启蒙教育的最适合的活动基地。其次，在实践场所中，中小学生可以直观地观看、感受到职业育人的培养过程，对于职业工作所需要的技能和工作内容的直观感受有助于中小学生培养职业认知、启蒙职业选择的意识以及促成他们的职业养成。最后，职业院校比较注重校企合作，与大量的企业建立深度的校企合作，建立了相互依托、促进的伙伴关系，可以充分利用资源，带动企业加入职业启蒙教育。校企的深度合作有利于推进中小学与企业合作进行职业体验，这种形式可以拓展中小学职业启蒙教育的实施主体，更加丰富职业体验的渠道，拓展职业启蒙教育的实践基地。

一、利用"请进来"方式拓展职业启蒙教育效度

职业院校采用"请进来"的方式，即开展职业反哺活动，把中小学生请进

职业院校，通过开展丰富的职业体验或者职业实践，融合中小学传统学科和职业的实训课程，从而启迪中小学生的职业兴趣。中小学生在真实的技能实践操作中，可以最真切地感受职业劳动，感受不同职业的魅力、体会各种工作的本质。例如，深圳职业技术学院邀请当地中小学生来校进行职业体验课程，参观华为的ICT学院，实地感受了VR技术、自动化生产线，认识了职业教育和劳动真谛。中小学生还可以到机械设计实训室，在工业中心老师们的指导下，学习了解干手器的原理，尝试自己设计制作一款干手器，从搭建电机支架，安装电风扇，到连接电线，安装传感器，再到对干手器进行调试和优化，最终完成干手器的组装。深职院这种开放实训场地，把区域内的中小学生请进学校的专业学院里来的形式，可以让中小学生在专业设置和技能人才培养的全过程中加强职业认知、职业情感和职业体验，让他们思考职业选择，为意识到职业养成的必要性提供完整、真实的场景。在这个过程中，深职院的专业职业启蒙教育老师引领着孩子们在实训室里参观并尝试进行劳动过程的训练和劳动产品的制造，让孩子们跟着老师的引领共同参与整个劳动管理。此外，杭州职业技术学院也认真开展职教活动周，不仅把中小学生请进校园，还把学生家长也请进来，通过这样的契机，全面开放学校的优质教学实训资源、对中小学生的职业启蒙，贡献职教力量，对他们开展职业辅导、实践体验、能力训练。

在请进来的过程中，重视责任落实，创新职业启蒙教育的形式，完善请进来制度。一是成立工作领导小组，专班负责相关工作。二是定期召开专题研讨会和项目推进会，明确组织架构，落实责任分工，共同制订项目实施方案、计划，各分院系部可以协助配合，把具体的工作进行层层分工，落到实处。三是各分院系部通过申报反哺教育专题项目，结合中小学生的特点进行课程设计，组织专业老师精心开发青少年职业体验课程。

在中小学师生到职业院校进行职业体验的过程中，学生们在职教学院的指导老师带领下，学习职业理论知识，进行职业体验、开展座谈、互动交流，同时，也能通过认识职业具备的技能，实际动手操作的实操体验，通过实操完成的劳动作品给孩子们带来职业获得感，这种内容丰富实用、过程有趣且有趣的职业启蒙比较受到孩子们的青睐。通过"请进来"的方式，职业启蒙的操作性加强了，并为中小学生、老师、家长融入了趣味性和游戏性，这种一体化职业教育体验平台，是职业院校在开展职业教育的过程中将职业理念融入基础的启蒙教育中，引导广大中小学生从小就培养科学、合理的职业价值观念，创新创业的萌芽被激发出来，进一步拓展了职业启蒙教育的宽度，也使社会对职业教育的认可度获得了提高。

"请进来"的另外一种模式是针对中小学生家长所开展的"家庭教育职业启蒙"培训，这种模式将启蒙对象从孩子转变成家长，确保了让孩子在家庭、学校、社会得到全方位的职业启蒙。避免片面地向中小学生介绍有限的职业，也要注意避免影响他们对全社会职业运转体系的理解。把家长请进职业启蒙教育基地的方式还可以缓解整个社会的教育焦虑，让家长回到培养孩子的初衷，纠正一些错误的就业观点，并通过体验，了解自己的孩子是适合学术型还是适合应用型发展，无论他们走向哪条道路，最终都需要走向特定的职业和社会生活。所以，家长们通过参与职业启蒙培训，也能够和平地对待每个职业，树立正确的职业观念，正确地影响孩子的职业观的树立。这让更多的家长拥有更灵活、更客观的教育行动逻辑。最终形成家长、学校、社会团体多维度协同合作的职业启蒙氛围。整个社会形成了从学历社会向能力社会转变的新观念。这样，家长们通过在家庭中引导孩子们对未来的学习和生活的不断评估，对自己的职业兴趣、职业能力有客观公正的认识，从而选择适合自己兴趣和能力的教育类型、专业方向和发展道路。同时，人是多元的高级智能生物，不同的人的智力特点和气质禀赋以及兴趣爱好都不相同，通过职业学院的各种社团体验，超越了专业本身，能够挖掘孩子们更多的兴趣点，设计更符合孩子特征的体验课程，比如糕点师的职业体验就可以从一场美食聚餐体验中获得。

建设职业教育启蒙基地，职业院校是最有优势的机构。它融合了学校的设施资源、教师资源、课程资源、校企资源等，将学校的职业教育资源转化成共享基地，这是加强各年龄段普通教育与职业教育相互融通的有效途径。

二、利用"走出去"方式拓展职业启蒙教育深度

1.走出职业院校，走进中小学校

走出职业院校，走进中小学校的模式可以将职业院校说的优势资源向中小学输入，发挥职校的资源优势，促进"普职融通、资源共享、协同推进"的劳动与职业启蒙教育格局的形成。

职业启蒙教育的过程中会发现，启蒙教育会受到一些客观因素制约，如有些中小学的职业启蒙教育不具备到校外开展的条件，也不具备自己开展的水平，这就要求有资源的职业院校可以为广大中小学送"劳"到门，主要包括三个内容：

第一，送课程。职业院校的教师、专家参与到中小学的职业启蒙课程的建设中来，让中小学的职业启蒙课程更具有职业性和指导性。一方面，送专业知识启蒙课。职业院校有丰富的专业知识，教授的学生是即将凭借专业技能到社会进行服务的专业学生，所以，职业院校可以通过把专业技能知识趣味化、青少年化，这样对中小学生进行职业技能的兴趣唤醒，从而达到职业启蒙的效果。另一方面，送劳动技能课程。职业院校教师根据中小学本身具备的条件设计开发一些适合、适当的劳动技能课程，让孩子们在现有的条件下形成对劳动技能的初步感知。例如，可以指导中小学生进行手工制作，简单的科技创作，启发他们通过动手操作进行创新，以及运用计算机编程等完成指令任务等实践活动，通过以上简单的演示和讲解，让广大中小学生形成对劳动过程、劳动要素的初步感知。在送课程的过程中，不但丰富了中小学劳动课程的内容，也达到了职业启蒙的目的。

第二，送工匠精神。党的二十大报告中指出，要深入实施人才强国战略，要努力培养造就更多的大国工匠、高技能人才。中国的发展离不开大国工匠和技能人才，工匠精神是我们要传承的中国新时代精神之一，工匠精神是中国共产党人精神谱系的重要组成部分。工匠精神的深刻内涵是执着专注、精益求精、一丝不苟、追求卓越。中国改革开放以来，四十年沧桑巨变，在中国制造、中国创造、中国建造等方面共同发力，中国不断靠近世界舞台的中央。这些都镌刻着执着专注、精益求精的精神内核，都是一丝不苟、追求卓越的精神体现。职业院校培养的是未来工匠，更要积极践行在职业启蒙教育中的光荣使命，发挥校企合作优势，邀请合作的大型企业中的工匠们进入中小学校园现身说法，这种与大国工匠近距离的对话，让学生了解大国工匠的成长历程，付出的辛苦劳动，激发学生的崇拜之情，培养学生的工匠精神，为未来的大国工匠种下种子。

第三，送网络资源。很多职业院校都开发了线上精品课程，拥有比较丰富的职业网络资源。这些资源不仅只在职业教育内部分享，也应该向广大中小学共享。这些课程中的专业入门课程、职业认知课程、实训模拟课程等资源都是可以让中小学生们了解初步的专业知识和相关职业的生产过程，可以通过这种方式给中小学生对劳动过程的基础感知。

走进中小学校，通过送课程、送工匠精神、送线上资源等方式，不断加强职业院校与中小学校的联系，让孩子们的劳动观念、职业意识、科技素养、实践能力、创新精神在潜移默化中逐渐养成。

2.走出学校，走进社区

高职院校是职业启蒙教育中的重要力量，走进社区不但可以培养社区孩子的职业认知意识，培养广大中小学生的工匠精神，引领孩子们感受不同的职业，启蒙青少年的职业梦想，激发孩子们对未来职业的憧憬和思考，助力他们树立正确的职业观和价值观；也是提升职业教育社会认可度的应然之举。职业启蒙教育活动进社区，可以设计形式多样的环节：如职业体验、了解职业、职业知识问答等内容通过图文展板、PPT讲解与视频播放等方式，向青少年们讲述了职业的工作内容、职业的发展和职业的意义，不断拓宽青少年们对该职业的认知。

3.走出学校，走进山区

山区学校小而弱，开展职业启蒙教育处于劣势，山区的学校虽弱势，但数量多，居于义务教育最"末梢"，起着底部攻坚重要作用，事关国家教育公平的重要战略。山区里的职业启蒙教育在"普及新的知识、思想，使人摆脱愚昧和落后状态"中必将发挥不可替代的作用。因此乡村职业启蒙教育大有可为。地方职业院校可以参与到山区的职业启蒙教育中，山区的中小学教育，缺乏职业启蒙教育的软硬件条件，通过助力山区的职业教育启蒙，让山区的孩子们在职业启蒙的黄金期也可以萌发对职业的向往。助力山区的职业启蒙教育使山区的孩子们跳出环境的限制，萌生各种职业意识，便于规划他们的职业生涯，从让山区的孩子们也具有同城市孩子一样的职业感悟、职业认知和职业体验，让他们能在将来选择职业的关键期更容易做出正确选择。助力山区的职业启蒙行为甚至可以让山区孩子在今后的填报志愿、选择职业等重要事件上都可以少走弯路。职业启蒙教育活动进山区，也可以把先进的设备带进山区，让山区的孩子体验VR职业体验，让他们感受高科技的同时，可以身临其境完成一次职业追梦之旅。

三、数字赋能增加职业启蒙教育的广度

当今社会，人工智能、云计算、大数据、虚拟现实、5G和区块链等新一代数

字技术的发展和应用，对各行各业产生了颠覆性的影响。从教育信息化发展角度看，使用数字技术来建立新的教育服务、实施新方法或形成新模式，超越了传统界限和发展格局。例如，互联网拓展了教育的时空结构，可实现同步混合课堂、异步远程学习、跨时空跨群体交流互动。先进的科技运用在职业教育启蒙上，除了像上面所提到的"走进去""请进来"的过程中可以利用网络手段和数字信息化方式进行启蒙教学，或者利用VR技术进行虚拟环境下的职业体验，也可以表现在日新月异的行业更新过程中，我们可以通过网络信息化手段，把某一个行业、职业的发展历程、发展趋势直观地给孩子们展现出来，甚至可以大胆地预测某一个行业的未来，用数字化的方式，让孩子们感受行业的兴起、衰落或者消失，用这种方式开拓了孩子们的眼界，也增加了启蒙教育的广度。

四、优化管理保障机制提升职业启蒙教育的高度

1.推行适合区域发展的职业启蒙教育管理运行机制

一方面，要建立区域层面的职业启蒙教育管理机制。各地区存在差异性，各地区产业结构、教育状况也不一样，因此职业启蒙教育要根据当地的实际情况结合本区域的基础教育与职业教育特色，形成适合本区域发展的职业启蒙教育管理机制。例如，上海市探索市、区两级职业启蒙教育管理模式，推动职业学校面向中小学开放；吉林省要求职业启蒙教育基地和管理由所在职业学校负责，在职业学校内实施；一些城市以中职学校为主管，在单独的职业体验中心实施。另一方面，健全校级层面的管理体制。第一，校长要按照国家及地方政府相关政策要求，统筹德育、教学、后勤等团队，形成合力，全面推进职业启蒙教育工作。建立学校职业启蒙领导小组，明确责任主体，带动学校教师参与到职业启蒙教育的相关工作，切实做好组织、实施和评价。第二，学校要配备"教育专员"，落实具体责任，做到职业启蒙教育"有专员，做专事"，保障职业启蒙教育的稳定落实。第三，保证两类学校之间的制度畅通。在普职校合作交往过程中，涉及多个利益主体。如何保障两类学校教师、学生等相关利益，需要分管领导积极与合作学校进行沟通和交流，明确双方学校制度安排及内容。若有矛盾之处再进行优化，确保活动过程中管理与运行的畅通。

2.提供专项经费，拓展资金来源

充足的资金支持是顺利开展职业启蒙教育的外在保障。政府应将职业启蒙教育活动纳入财政预算，成立专项教育经费，在财力方面提供充足保障。从目前全国普职合作情况来看，率先开展普职合作的地区主要集中在江浙沪等发达地区，这与当地经济发展水平、优质教育资源也有一定联系。因此，国家层面应考虑到各地区教育资源不均衡问题，加大欠发达地区在职业启蒙教育的专项资金投入或补贴。一般来说，职业启蒙教育是职业院校回报社会，践行社会使命的体现，职业院校的自身发展需要大量的经费支持，而不能保证有充足的经费用于支撑职业启蒙教育。高职院校在职业启蒙以及与中小学合作过程的中，一直是主要的推动者和经费的主要承担者，但因为难以长期提供充足的活动经费，合作一度陷入困境。省、市级政府出台了相关政策文件后，为职业启蒙教育提供了专项经费，让普职校的合作更加有动力。职校之前与中小学合作是基于一项课题，活动经费也来源于课题，所以合作学校也比较受限。区政府出台统一文件，为整个区域职业启蒙教育成立专项基金，为区域普职校整体推进职业启蒙教育提供了强有力的保障。除了政府提供普职合作开展职业启蒙教育的专项资金，普职校还可以利用自身学校的社会资源，鼓励更多社会组织参与职业启蒙教育，激发教育活力。从交换理论视角出发，学校和社会之间的资源能够双向流动，打破学校资源固化的瓶颈，通过有序有偿的交换形式，有效地让社会资源活起来。社会组织承载着特殊的社会职能，对职业启蒙教育的发展起着公益性、群众性、宣传性的作用。一是可以与教育型企业合作，打破学校之间合作的壁垒，将更多行业企业资源融入职业启蒙教育。二是普职校可以与企业进行合作，鼓励企业提供资金支持，学生可以去企业参观体验，企业的相关教育产品也可以在此过程中得到宣传和推广的作用。

3.加强普职宣传，营造良好氛围

一方面，职业院校利用职业教育活动周、职业体验日、企业开放日等宣传活动，面向社会和中小学开放，向社会各界宣传展示职业教育成果和职业教育品牌。例如，职业教育体系内有中高贯通，但普通高中与高职却结合较少，学生只有等高考后绝望了才会去高职。但未来，职业教育正在大力发展职业本科，进一步完善高层次职业教育体系，对家长和学生来说，都是一个福音。因此，可以将职业教育的改革动向及时向普高进行宣传，而这个过程中，职业启蒙教育发挥了很大的作用。另一方面，利用地方主流媒体和新媒体等手段和途径，加强对职业启蒙教育的宣传力度，尤其是加强宣传普职合作开展职业启蒙教育的优秀案例，将这种探索经验推广到更多地区，从而带动更多地区的普职校参与其中。最后，地方政府发挥核心统领作用，充分带动区域内的教育资源，带动更多职业学校联合中小学以及校外实践基地，共同开展职业启蒙教育。"只有政府支持，老师们才能更好地执行，进入良性的循环。"从目前实践情况来看，职业启蒙教育的实施主体具有区域性，有以中职学校为主体，有以高职院校为主体，有以校外综合实践基地为主体。政府可结合当地教育资源情况，扩大职业启蒙教育的实施主体范围，让更多社会主体参与到职业启蒙教育中。

参考文献

［1］Patterson，Jim.Career Development Begins in Elementary and Middle School［J］. Counseling Today，2005（9）：17–18.

［2］王耿升. 职业院校要在加强劳动和职业启蒙教育中发挥重要作用［J］. 中国职业技术教育，2019（7）：2.

［3］刘晓，黄卓君. 青少年儿童职业启蒙教育：内涵、内容与实施策略［J］. 中国职业技术教育，2016（23）.

［4］罗双平. 职业生涯规划［M］. 北京：中国人事出版社，1995.

［5］韩瑞连，韩芳. 生涯教育与职业教育及其相关概念内涵解析［J］. 中国职业技术教育，2009.

［6］卢洁莹. 职业教育的概念与内涵［J］. 职业技术教育，2008（34）.

［7］周洪宇. 谁在近代中国最早使用"职业教育"一词［J］. 教育与职业，1990（9）：34.

［8］刘涛，陈鹏. 中外职业启蒙教育的理论与实践述评［J］. 职教论坛，2015（12）：39–42.

［9］洪明. 儿童职业意识启蒙探析［J］. 中国职业技术教育，2011（18）：92–95.

［10］LI Jun，Pre-vocational Education in Germany and PRC–A Comparison of Curricula and Its Implications［D］. Universitaet zu Koeln，2011.

［11］王晶晶. 职业启蒙教育探析［J］. 河北职业教育，2020，4（3）：28–31.

［12］Stanley B Baker，John G Taylor. Effects of Career Education Interventions: A Meta–analysis［J］. The Career Development Quarterly，1998（46）：376–385.

［13］吴文侃，杨汉清. 比较教育学［M］. 北京：人民教育出版社，1999.

［14］韩瑞连，韩芳. 生涯教育与职业教育及其相关概念内涵解析［J］. 职业技术教育，2008（31）：64–68.

［15］钟启泉. 现代课程论［M］. 上海：上海教育出版社，1989.

［16］孔春梅，杜建伟. 国外职业生涯发展理论综述［J］. 内蒙古财经大学学报，

2011, 9 (3): 5-9.

[17] Diacu F, Holmes P. Celestial encounters: the origins of chaos and stability [M]. Princeton University Press, 1996.

[18] Lorenz E. Does a flap of a butterfly's wings in Brazil set off a tornado in Texas [J]. Poincaré Maps, 1972, 32.

[19] Edward Northon Lorenz, Deterministic No-periodic Flow [J]. Journal of the Atmospheric Science, 1963, 20 (2).

[20] Gleick J. Chaos: Making a New Science [J]. Physics Today, 1987, 41 (11).

[21] Pryor R. The Chaos Theory of Careers: a New Perspective on Working in the Twenty-first Century [J]. British Journal of Guidance & Counselling, 2013, 41 (2).

[22] Jr J P S. Modern and Postmodern Career Theories: The Unnecessary Divorce [J]. Career Development Quarterly, 2009, 58 (1).

[23] Pryor R G L, Bright J E H. Good Hope in Chaos: Beyond Matching to Complexity in Career Development [J]. South African Journal of Higher Education, 2010, 23 (3).

[24] 孙丽萍. 基于儿童认知发展理论的自然博物馆文创产品设计研究 [D]. 济南: 山东工艺美术学院, 2022.

[25] Richard J. Gerrig, Philip G. Zimbardo. Psychology and Life. Boston: Allyen & Bacon, 2010.

[26] 苏小婷. 小学高年段职业启蒙教育的现状、问题及对策研究——以重庆市 G 区为例 [D]. 重庆: 重庆师范大学, 2021.

[27] 杨红荃, 方星. 职业启蒙教育缓解角色焦虑的社会互动理论分析 [J]. 职教论坛, 2022, 38 (4).

[28] 陈鹏. 职业启蒙教育——现代职业教育体系之根 [N]. 中国教育报, 2015-06-25 (9).

[29] 关晶, 石伟平. 我国职业教育体系存在的问题及其完善对策 [J]. 职业技术教育, 2012, 33 (7): 5-9.

[30] 陈万红, 张天良. 职业兴趣探索: 中小学生涯教育的起点 [J]. 中小学心理健康教育, 2017 (35).

[31] 上官子木. 从职业规划教育的缺失看我国基础教育的缺陷 [J]. 教育科学研

究，2009（6）.

［32］杜启明. 小学职业启蒙教育实施的若干思考［J］. 合肥学院学报：社会科学版，2013（4）：119.

［33］李彦儒. 中小学职业启蒙教育的实践困境与突破路径［D］. 天津：天津职业技术师范大学，2020.

［34］邵文琪，王刚，刘晓. 共生理论视角下职业启蒙教育资源整合的困境与突破［J］. 教育与职业，2021（7）：5-11.

［35］张瑶，俞冰. 小学职业启蒙教育资源多维整合的困境与优化路径——基于三螺旋理论［J］. 职教发展研究，2022（1）：45-51.

［36］李蕾. 发达国家职业启蒙教育的经验与启示［J］. 职教论坛，2017.

［37］赵蒙成. 职业启蒙教育研究的历史追溯与策略建议［J］. 教育与职业，2018.

［38］杨师缘. 中美职业启蒙教育比较——基于政策内容分析的视角［J］. 现代职业教育，2015.

［39］Mary McMahon，Wendy Patton. Systemic thinking in career development theory: contributions of the Systems Theory Framework［J］. British Journal of Guidance & Counselling，2018，46（2）.

［40］Peter J. Robertson，France Picard. An introduction to the special section on the Capability Approach to career guidance［J］. International Journal for Educational and Vocational Guidance，2021（prepublish）.

［41］彭妙. 加拿大中学生生涯辅导实践及对我国的启示［D］. 长沙：湖南大学，2010.

［42］李俊. 德国的职业启蒙教育新解——对历史沿革及课程定位的分析［J］. 河北师范大学学报（教育科学版），2015.

［43］牛金成. 德国学校职业教育体系及其特点［J］. 职业技术教育，2018，39（31）：66-72.

［44］李秀珍. 韩国职业生涯教育保障体系及特点分析［J］. 比较教育研究，2020.

［45］张兴龙. 我国职业启蒙教育的实施现状研究［J］. 江苏教育，2019.

［46］谢长法. 职业指导在近代中国的引入［J］. 职业技术教育，2011（4）：69-73.

［47］吴楠，孙芳芳，高绣叶. 建党百年我国职业启蒙教育的历史演进与现代启

示——基于"家族相似性"理论视角［J］. 中国职业技术教育，2022（6）.

［48］王路路，李祥. 劳动与职业启蒙教育的演进轨迹与优化路径［J］. 当代职业教育，2021（2）.

［49］中央教育科学研究所. 中华人民共和国教育大事记（1949—1982）［M］. 北京：教育科学出版社，1983.

［50］曲秀钰. 美国高校学生职业指导研究——以卡内基梅隆大学为例［D］. 大连：大连理工大学，2021.

［51］谷峪. 日本的职业生涯教育及其启示［J］. 职业技术教育（教科版），2006（10）：81–84.

［52］祝怀新. 英国基础教育［M］. 广州：广东教育出版社，2004.

［53］沈之菲. 生涯心理辅导［M］. 上海：上海教育出版社，2000.

［54］李卫华. 美国犹他州7年级生涯教育研究［D］. 重庆：西南大学，2009.

［55］谷峪，崔玉洁. 日本高中阶段的职业生涯教育［J］. 外国教育研究，2010（12）：14–19.

［56］胡瑾缔，邹文芳. 美国小学职业启蒙教育的发展历程、经验及启示［J］. 职教通讯，2021（5）：116–121.

［57］景宏华. 英国的生涯教育服务机构、标准及特点［J］. 中国职业技术教育，2007（21）：41–43.

［58］景宏华，魏江南，魏凌云. 澳大利亚职业生涯教育的蝴蝶模型及启示［J］. 外国教育研究，2013，40（3）：11–18.

［59］李欣悦. 普职融通视角下职业启蒙教育师资队伍建设研究［D］. 长沙：湖南师范大学，2021.

［60］侯志瑾. 家庭对青少年职业发展影响的研究综述［J］. 心理发展与教育，2004（3）：42–46.

［61］路宝利. 论高等职业院校"区域性"特征［J］. 继续教育研究，2011（1）：29–30.

［62］王剑. 我国职业教育办学体系的结构特征研究［J］. 职业技术教育，2013，34（22）：36–40.

［63］耿金岭. 对高等职业教育市场属性的思考［J］. 中国职业技术教育，2014（12）：14–16.

［64］黄学忠. 论职业教育的前瞻性［C］. 黄炎培与中国职业教育——黄炎培职业教育思想研究成果集萃，2009：332-335.

［65］刘丽. 职业教育教师实践性知识的内涵、价值与生成［J］. 职教论坛，2020，36（7）：87-92.

［66］宁业勤. 职业教育实践性知识的开发与教学［J］. 高等职业教育（天津职业大学学报），2015，24（1）：76-80.

［67］申向丽，黄海. 基于市场需求构建提升职业教育针对性的模型［J］. 继续教育研究，2012（4）：58-60.

［68］陆靓霞. 高职院校兼职教师引入和培养机制探究［J］. 金华职业技术学院学报，2011（3）：1-4.

［69］杨飞云. 新高职高水平"双师型"教师队伍建设：意涵、问题与路径［J］. 当代职业教育，2019（6）：10-16.

［70］钟淑萍. 高校创新创业教育资源整合路径［J］. 思想政治教育研究，2020，36（2）：156.

［71］金炳华. 马克思主义哲学大辞典［M］. 上海：上海辞书出版社，2003.

［72］何炳华. 基于社会网络分析的集群供应链资本、知识发展能力与创新绩效研究［D］. 上海：上海大学，2013.

［73］朱有明，杨金石. 中国社会组织协同治理模式研究［M］. 上海：上海交通大学出版社，2016.

［74］马克思恩格斯全集（第46卷·上）［M］. 北京：人民出版社，2003.

［75］叶鉴铭，周小海. 试论"校企共同体"的共同因素及其特征［J］. 学术交流，2010.

［76］陈潇. 现代职业教育治理的政府责任研究［D］. 天津：天津大学，2017.

［77］郭亚飞，俞翔，王琴. 基于"多中心"自愿供给的职业启蒙教育参与者的角色探究［J］. 科技视界，2022（33）.

［78］卞勇平. 协同育人理念下的职业启蒙教育探究［J］. 现代职业教育，2021.

［79］王璠. 大中小学合作的"U–A–T–S"模式研究［D］. 太原：山西大学，2018.

［80］李沙沙. 乡村小学职业启蒙教育的现状与策略研究［D］. 长沙：湖南师范大学，2019.

［81］刘海霞，苏永昌. 美国生涯教育课程理念及其启示［J］. 当代职业教育，

2020（1）：42-48.

［82］朱凌云. 新西兰中小学生涯教育的特点与启示［J］. 外国教育研究，2013，
40（8）：20-26.

［83］王天天. 小学英语教学渗透职业启蒙教育的问题及对策研究［D］. 曲阜：
曲阜师范大学，2018.

［84］唐锡海. 职业教育"工教结合"探析［J］. 职教论坛，2012（18）：9-14.

［85］谢莉莉. 体验式教学在高职院校动漫设计课程中的应用及实施方案［J］. 科
技视界，2021（33）：138-139.

［86］杨崇君，薛兵旺. 我国研学旅行基地营地的内涵与建设要素探讨［J］. 武汉
商学院学报，2019，33（6）：5-8.

［87］徐艳雯. 青少年研学实践教育基地建设的现状、问题及对策研究［D］. 沈
阳：沈阳师范大学，2020.

［88］曹中. 基于企业流程管理的内部控制体系研究［J］. 会计之友，2012（9）：
47-48.

［89］张铭. 从"治"的视角着眼 提升高职院校内部治理能力［J］. 黑龙江生态
工程职业学院学报，2016，29（3）：60-61.

［90］毛同辉. 让"工匠精神"照亮"中国品牌"［J］. 中州建设，2017（6）：33.

［91］尹纳宇，张林，刘泽艳. 美国新泽西州职业启蒙教育：目的、指标及实施
路径［J］. 职业教育研究，2019（12）：79-86.

［92］张凤芳. 区域中小学生职业启蒙教育活动模式的实践研究［J］. 思想理论教
育，2013（10）：29-33.

［93］夏旻. 行业协会参加现代职业教育治理研究［M］. 北京：东方出版社，
2018.

［94］珍珍，黄卓君. 职业教育中的企业社会责任：履行模式与路径选择［J］. 中
国职业技术教育，2018（18）：39-43，49.

［95］李彦儒，孙翠香. 职业学校与中小学合作开展职业启蒙教育：困境与推进
路径［J］. 职教论坛，2019（11）：35-40.

［96］沈有禄. 职业学校联合中小学开展劳动和职业启蒙教育：天时、地利、人
和［J］. 中国职业技术教育，2019（7）：112-113.

［97］高山艳. 中职学校面向中小学开展职业启蒙教育的现状研究——基于北京市11

个区 19 所中职学校的调查［J］. 中国职业技术教育，2021（10）：49–57.

［98］石中英. 知识转型与教育改革［M］. 北京：教育科学出版社，2001.

［99］卡尔·罗杰斯，杰罗姆·弗赖伯格. 自由学习（第 3 版）［M］. 王烨晖，译. 北京：人民邮电出版社，2015.

［100］泰勒. 课程与教学的基本原理［M］. 施良方，译. 北京：人民教育出版社，1994.

［101］周奇，陈旭. 基于职业启蒙的学校劳动教育［J］. 教育理论与实践，2020，40（26）：12–15.

［102］陈鹏，等. 职业启蒙教育学［M］. 北京：知识产权出版社，2019.

［103］Moore，M.G. Thinking About Careers in Middle School［J］. Educational Leadership，2011（6）：137–159.

［104］刘晓，郁珂. 我国职业启蒙教育研究述评与展望［J］. 教育与职业，2019（8）：20–25.

［105］高葵芬. 乡村小规模学校职业启蒙教育的价值、基础与路径［J］. 教学与管理，2021（21）：10–14.

［106］祝智庭，胡姣. 教育数字化转型的实践逻辑与发展机遇［J］. 电化教育研究，2022（1）.

附录1

某职业院校木工"挖个勺子"职业体验课程实施步骤

一、木工"挖个勺子"职业体验简介与意义

职业体验简介：木工是一项古老的职业，有着悠久的历史。鲁班作为古代有名的巧木工，在他的经验指导下，中国成为当时木工业比较发达的国家。如今在中国香港，大部分中学于初中均有木工或金工课程，部分工业学校于高中、中学会考也曾经有木工科。木工在欧美广泛流传，在很多欧美的私立学校都有木工这一课程。当今社会"木工"职业应用领域广泛，如房屋建设领域、船舶领域、美化景观建设，还有最常见的装饰装潢领域。同时木工也和"创意""匠心"等社会发展关键词有着密切的联系。

职业体验意义：学会利用简单的木工手工工具，完成木制品的制作，培养创新意识，了解木工制作流程，启发热爱职业岗位。

木工"挖个勺子"职业体验安全及注意事项：

第一，穿好工作服，戴好护发帽，穿好安全鞋，佩戴必要的劳动防护用品，如防尘口罩、护目镜、护耳器。

第二，检查工作环境，地面要平坦干净，木料堆放整齐，不要放在过道上，工作场所照明要符合设计要求。

第三，操作机器不得戴手套。

第四，手工工具操作注意安全工作距离。

二、木工"挖个勺子"职业体验物品清单

1.仪器设备清单

序号	仪器设备名称	规格	数量（个）	备注
1	桌面定位台	通用	20	初中3年级、高中1~3年级

续表

序号	仪器设备名称	规格	数量（个）	备注
2	挖勺刀	4号	20	初中3年级、高中1~3年级
3	挖勺刀	2号	20	初中3年级、高中1~3年级
4	黄金木工锉刀	10寸	20	初中3年级、高中1~3年级
5	手工锯	小号	20	初中3年级、高中1~3年级

注
1.主要指职业体验过程中使用到的仪器设备（可以重复利用）。
2.可公用设备以小组共享最少量核算。
3.适合人群：初中3年级、高中1~3年级。
4.公益原则，尽量控制费用，材料尽量利用已有资源，个别材料尽量公用（如剪刀、线等）。

2.耗材清单

序号	职业体验耗材	规格	数量	备注
1	木料一块	6cm×2cm×20cm	每场20人	一人一块
2	砂纸	不同目数各1张	每人5张	
3	木蜡油	瓶	1瓶	公用

注
1.耗材指职业体验不可重复利用的物品，主要为职业体验消耗的物品，如原料。
2.职业体验过程可以个人或小组实施，但体验成果需一人一作品。
3.费用估算：15元/人。
4.适合人群：初中3年级、高中1~3年级。
5.公益原则，尽量控制费用，耗材尽量公用。

三、木工"挖个勺子"职业体验流程步骤（180min）

1.准备和要求（5 min）

体验流程	操作步骤	要求
准备1 工具准备	每个工位放置工具、 工作环境清理	周边干净安全
准备2 耗材准备	分发耗材	保证大小可用

2. 主要过程和步骤（170 min）

体验流程	操作步骤	要求
步骤1 学会工具的安全使用	1.安全告知 2.手工木工操作步骤介绍 3.相应步骤使用的工具介绍 4.木制品材料介绍	不要随意动工具
步骤2 动手制作	1.设计造型 2.挖勺 3.切割勺柄 4.打磨 5.上蜡	符合实用性、观赏性
步骤3 展示拍照	给自己的作品拍摄照片	成果美观、有创意
步骤4 整理工作台	讲解清理要求	清理完毕，恢复原样

3. 整理和点评（职业素养5 min）

（1）培养坚毅性格：需要认真打磨才能出效果。

（2）培养创意：可以将自己的想法通过手作实现。

（3）培养耐心：仔细做好每一步才能有较好的效果。

四、木工"挖个勺子"职业体验作品展示

五、附操作流程清晰视频（5~10min）

视频命名：职业体验课程名称+院系/部门+姓名+时间格式（20210101）。

附录2

某职业院校芭比娃娃服饰制作职业体验课程实施步骤

一、芭比娃娃服饰制作职业体验简介与意义

芭比娃娃服饰制作是一门以服装美学为理论基础、装饰设计为手段的职业能力体验项目课程。通过本次职业体验学习，使学生萌发对服装的兴趣，通过为芭比娃娃制作服饰，了解芭比娃娃的身体结构特征，掌握服装结构与人体的关系，并且能运用现有材料包裹住芭比娃娃的身体，给娃娃穿上"衣服"。

二、芭比娃娃服饰制作职业体验安全及注意事项

特别要注意使用剪刀和滴胶的安全。

三、芭比娃娃服饰制作职业体验物品清单

1.仪器设备清单

序号	仪器设备名称	规格	数量	备注
1	剪刀	普通	45把	

注
1.主要指职业体验过程中使用到的仪器设备（可以重复利用）。
2.可公用设备以小组共享最少量核算。
3.适合人群：小学3年级~高中1年级（根据年龄调整体验难度）。
4.公益原则，尽量控制费用，材料尽量利用已有资源，个别材料尽量公用（如剪刀、线等）。

2.耗材清单

序号	职业体验耗材	规格	数量	备注
1	芭比娃娃	普通	55个	
2	双面胶	普通	25个	公用

续表

序号	职业体验耗材	规格	数量	备注
3	胶水	普通	25个	公用
4	固体胶	普通	25个	公用
5	滴胶	普通	10个	公用
6	12色皱纹纸	12色	各5卷	公用
7	A3卡纸	普通	100张	
8	A4卡纸	普通	100张	
9	各种装饰小珠子	普通	5盒	公用
10	各色缎带	普通	5卷	公用

注
1.耗材指职业体验中不可重复利用的物品，主要为职业体验消耗的物品，如原料。
2.职业体验过程可以个人或小组实施，但体验成果需一人一作品。
3.费用估算：28元/人。
4.适合人群：小学3年级~高中1年级（根据年龄调整体验难度）。
5.公益原则，尽量控制费用，耗材尽量公用。

四、芭比娃娃服饰制作职业体验流程步骤（300 min）

1.准备和要求（300min）

体验流程	操作步骤	要求
准备1	课前芭比娃娃服饰范例的制作	准备充分，有多样性
准备2	芭比娃娃服饰制作教学素材的搜集	准备充分，有多样性
准备3	材料的准备和购买	准备充足
准备4	材料的分发	快速而有秩序

注
1.材料包要准备充足。
2.为了学生有更好的体验，多准备一些小的装饰材料以供他们自由发挥。

2.主要过程和步骤（180min）

体验流程	操作步骤	要求
步骤1	芭比娃娃服饰品制作ppt展示	教师可充分利用现代多媒体技术，配合课件进行授课

体验流程	操作步骤	要求
步骤2	教师示范特定款式的服饰制作	教师应较多地示范如何包裹住娃娃的身体，并启发孩子想出其他包裹及穿着的方法
步骤3	学生设计芭比娃娃服饰	教师启发学生
步骤4	学生根据设计制作芭比娃娃服饰	教师辅导学生
步骤5	成果展示，总结	激发学生兴趣和积极性

3.整理和点评（职业素养10min）

（1）培养学生不怕困难，迎难而上的精神。

（2）培养学生精益求精的职业素养。

（3）培养学生的审美能力，以及对美的追求。

五、芭比娃娃服饰制作职业体验作品

附录3

关于开展青少年职业能力体验教学的合作协议模板

甲方：

乙方：

甲乙双方以浙江省中小学义务教育综合实践活动教学指导纲要为指引，利用杭州职业技术学院优质资源、场地条件和师资力量，开展以"职业辅导、实践体验、能力训练"为主题，开展以学生为对象的职业能力体验活动。

为了本期活动的顺利开展，甲乙双方经过友好协商，一致同意签订如下协议：

一、时间和人数

时间：20 年 月 日（星期 ）— 月 日（星期 ）

人数：学生***人，教师***人；总计***人。

二、双方的主要职责

（一）甲方的主要职责

1. 体验课程资源开发和课程设置及师资力量配备

2. 相关设备提供和耗材购置

3. 体验课程实施和协调

4. 场地使用保障

5. 做好后勤保障服务，提供中餐及饮用水

（二）乙方的主要职责

1. 就甲方的课程设置，进行选定和确认

2. 组织生源，按体验课程分班，并将相关信息传达给甲方

3. 负责学生的安全教育和安全管理

4. 体验过程中，各班配备必要的带队管理教师配合甲方老师或志愿者进行教学管理

5. 未征得甲方同意，不公开体验过程中知悉的甲方保密信息和资料

三、费用说明

1.学生体验费用：*** 人 *** 元 / 人 / 次 =*** 元

2.教师费用：*** 人 *** 元 / 人 =**** 元

3.材料采购时，双方约定按 *** 人采购，材料费30元 / 人

4.教师及学生费用总计为 **** 元，费用用于体验过程中各项成本支出

5.乙方于体验结束后一周内支付给甲方

四、其他说明

1.材料采购数量经甲乙双方商定后，由甲方负责按约定人数采购，乙方全额支付约定人数的材料采购费用；如果乙方实际体验人数少于约定的材料采购人数，多余的材料归乙方

2.如有本协议可预见之外的其他重大事项发生，可另行协商

3.在本协议的履行上出现疑义或发生纠纷时，甲乙双方本着诚信原则协商解决

4.本协议书一式两份，甲乙双方各持壹份

甲方代表：　　　　　　　　　乙方代表：

　年　月　日　　　　　　　　　年　月　日

附录4

某青少年职业能力体验中心试运行报告

截至20　年　月　日，某小学在青少年职业能力体验中心为期三天的职业能力体验圆满结束了。这是青少年职业能力体验中心这个项目的第一次试运行，在这三天里，我们发现了一些需要改进的地方。

一、遇到的问题

1.设施设备、人员角度

每个学院没有明确主要管理负责人。

志愿者主动性不强，没有经验，分工不够明确。

暂时没有指定的教师休息区。

在教学地点没有饮用水提供。

课程耗材没有制定一个指定标准，需要对成本进行控制。

对部分项目需要的服装或劳保用品、工具等，是否可以统一采购和使用，以保证安全，降低成本。

2.服务角度

在上课过程中没有强调工具使用安全，缺少安全和劳动保护知识讲解。

上完课之后没有清点人数，没有留出学生上洗手间的时间。

中午用餐需要针对学生人数做出相对措施。

有一些课程的设置和安排与正常的教学冲突。

二、解决办法

1.设施设备、人员角度

各院系应建立项目负责人机制，担负组织协调和联络职能。

志愿者需要有经验、有耐心、责任心和执行力，培养几名志愿者领队，能够清楚了解自己的工作内容和职责，并能够将这些任务分配给队员。这样只需要向领队准确分配任务，明细分工。若有哪一方面没有做到位，可以准确快速找出并解决。

要有指定的教师休息区。

保证在每一个教学地点和学生集散中心有一箱矿泉水。保证每个学生一天有一瓶饮用水，可以和各院系开水房结合。

在耗材问题上，需要制定明确上限标准，不得超过上限。

项目课程需要的服装、劳保用具、工具等，统一采购和使用，以保证安全，降低成本。

2.服务角度

教师应在上课时反复提醒学生操作时注意安全，志愿者应时时注意学生动作，确保工具的安全使用。

在课程结束之后，志愿者要在整队同时清点学生人数，并且询问学生是否要上洗手间，若有学生要上洗手间，由一名志愿者带领学生前往，剩下一名志愿者和学生在原地等待。

中午用餐根据人数制定标准。100人以上建议社会化解决，联系合适的能为中小学供餐的机构外送。100人以下在学校食堂内就餐。

各院系提交的项目，为避免与正常教学冲突，应明确可运行时间，最好有多个时段，两位以上不同时段的指导老师可以操作，以便可以与其他项目进行模块化组合。

三、运行流程

第一天上午与最后一天下午安排稍有不同，在此列出，其余安排都与第二天相同。

第一天上午：

7:30 所有工作人员、志愿者到位

8:00 学校出发

8:40 工作人员等候

8:45 到达学校

8:45~9:00 工作人员接待

大屏幕：滚动播放欢迎词和口号

工作人员迎接师生进入集散中心，安排师生就位

9:00~9:20 体验第一课

开展职业理想动员讲话

讲解安全须知、流程安排、课程说明，发放学员证

9:20~9:30 课前准备

由工作人员带领学生到上课地点，教员提前到位，共同做课前准备

学校带队老师，由志愿者带到休息区

9:30~11:30 学员上课

第二天：

8:00 学校出发

8:40 工作人员等候

8:45 到达学校

8:45~9:00 工作人员接待

大屏幕：滚动播放欢迎词和口号

工作人员迎接师生进入集散中心，安排师生就位

9:00~9:20 体验前准备

发放学员证、课程说明、流程安排、矿泉水

9:20~9:30 课前准备

由工作人员带领学生到上课地点，教员提前到位，共同做课前准备

学校带队老师由志愿者带到休息区

9:30~11:30 学员上课

11:30~12:00 餐前准备

12:00~12:50 用餐休息

12:50~13:00 课前准备

由工作人员带领学生到上课地点，教员提前到位，共同做课前准备

学校带队老师由志愿者带到休息区

13:00~14:50 学员上课

14:50~15:00 课程结束

学生收拾，带至集散中心，整队做小节

师生交还学员证、领队证

备注：由志愿者收集每个班级学生的学员证，教师的领队证，学员证每10个为一捆扎好，放入袋中，清点后结束

15:00 返校

第三天下午：

13:00~14:30 学员上课

14:30~14:50 优秀学员评选，领导总结

对表现优秀的学生颁发优秀学员勋章（或者优秀学员小奖杯、小礼品）

其余学生统一发放结业证书

结束评选后，由学校领导对学生做总结

14:50~15:00 课程结束

学生收拾，带至集散中心，整队做小节

师生交还学员证、领队证

备注：由志愿者收集每个班级学生的学员证，教师的领队证，学员证每10个为一捆扎好，放入袋中，清点完毕后结束

15:00 返校

四、建议

为了青少年职业能力体验中心项目能够开展得更加完善，提出以下建议：

（1）开展学生课程满意度评选、优秀课程和我最喜爱的大学教师评选等活动。

（2）制定学院奖励制度。

采用评选优秀学员制，给优秀学员颁发勋章和小奖杯（奖杯上文字：青少年职业能力体验中心×××杯），其他学生统一颁发青少年职业能力体验中心结业证书，在结业证书上盖有青少年职业能力体验中心钢印，以及某职业技术学院院长签名。

附录5

某职业院校职业体验研学基地的建设目标自评表

项目	评估内容及标准	评估得分
组织机构 （25分）	1.有健全的领导班子或明确的负责人 2.有一定数量和素质的专（兼）职讲解员队伍 3.有年度工作计划和中长期工作规划 4.有完整的面向青少年学生的建设、管理和使用制度 5.有一定数量的经费投入	
展陈内容 （25分）	1.有比较好的馆容馆貌，做到清洁卫生、设置规范、设施正常 2.有比较完备、丰富的展品，包括图片、实物、陈列文字说明等 3.经常举办各种专题陈列或临时展览 4.有互动性、参与性、创新性，为青少年学生喜闻乐见 5.展陈内容做到主题鲜明、重点突出、富有特色、结合实际、效果明显	
文明服务 （25分）	1.讲解员精神饱满、仪表大方、语言清晰、有亲和力 2.有完整详细活动基地介绍或反映活动基地全面貌的文字简介、画册、折页、音像资料等 3.能够组织展陈内容走进学校、社区、企业等单位，上门开放办展，每年不少于1次 4.能够和学校、社区、企业等单位建立共建关系，发挥社会教育作用	
公众评价 （25分）	1.青少年学生反应良好，家长满意 2.上下内部信息交流通畅 3.重视新闻媒体宣传 4.每年青少年学生的接待量持续增加 5.通过问卷调查、随机访问、召开座谈会等形式，听取青少年学生、家长、社会各界的反映	
总分	等级：分为优秀（90分以上）、合格（80分以上）、基本合格（70分以上）和不合格（69分以下）共四个等级	

附录6

浙江省中小学生研学实践教育
营地、基地申报认定和管理细则

（2018年7月试行，2019年8月修订）

研学实践教育营地是学生研学旅行过程中开展研究性学习和生活住宿的大本营；研学实践教育基地是学生研学旅行过程中开展研究性学习的主要场所。

浙江省中小学生研学实践教育营地、基地的认定和管理实行"准入条件前置、特殊要件审查、分级公布监管、不符摘牌退出"的机制。

一、申报条件设置

（一）申报浙江省中小学生研学实践教育基地、营地的，必须符合下列9项基本条件：

1.法人资质。申报单位具备法人资质。

2.前置条件。申报单位应符合以下6种类别中的前置条件之一：

（1）省级及以上相关部门命名或认定的爱国主义教育基地、国防教育基地、国家安全教育基地、海洋意识教育基地、革命旧址，列入全国红色旅游经典景区名录、省级红色旅游教育基地名录的景区，优秀传统文化教育基地、文物保护单位、历史文化遗产；设区市及以上设立的博物馆、艺术馆等。

（2）省级及以上相关部门命名或认定的特色小镇、旅游风情小镇，美丽乡村（景区村庄、乡村旅游产业集聚区、最美田园、示范型农业基地等），生态保护区（森林公园、湿地公园、水利公园等）、动植物园等。

（3）省级及以上相关部门命名或认定的科普教育基地、科技创新基地、质量教育基地，节粮节水节能教育基地；省级及以上设立的高等院校、科研院所。

（4）设区市及以上设立的科技馆、青少年活动中心等各类青少年校外活动场所、大型公共设施等；市、县（市、区）教育部门主办的中小学综合实践教育基地。

（5）全国闻名的企业、市场，省级及以上各类"旅游+"产业融合示范基地等。

（6）有较好育人价值、适合中小学生研学活动的国家AAA级及以上旅游景区等。

3.运行情况。对公众正式开放，运营情况良好。

4.活动专区。设置有面向中小学生研学活动专区，且主要面向中小学生开放。

5.课程设置。开设适合中小学生研学旅行的课程，至少有一个活动主题。

6.讲解服务。配备有面向中小学生群体的专业讲解、辅导人员。能结合研学实践教育要求，提供有针对性、互动性、趣味性和引导性的讲解服务。

7.费用减免。凡接待学校集体组织的中小学生研学团组的，首道门票全免；内设的研学活动可免费参与的项目数不少于总项目数的50%；对家庭组织研学、或学生个体参与的研学，按有关规定减免门票，并有特别的研学项目减免费等优惠举措。

8.安保措施。整体通过消防验收。符合公共场所安全的基本要求，有严格的安全管理措施，有针对中小学生群体的特别安全管护措施，各类安全设施设备运作良好。

9.信息化服务。开设有网站或公众微信号并全年公开开放接待时间和联系方式；具备师生及家长查询方便快捷、信息更新及时的研学实践服务和评价的信息管理系统。

（二）申报浙江省中小学生研学实践教育营地的，除符合基地的9项基本条件外，还必须符合下列11项基本条件：

1.工程项目通过竣工验收，并已正式运营半年以上。

2.具有能同时接待300名及以上中小学生的床位。面向研学团队优惠后的住宿收费标准每人每天不超过50元。住宿区相对隔离；住宿卫生、安全等条件符合国家有关规定；制定有住宿安全管理制度，配有专门的、足量的安保人员，巡查、夜查工作正常。

3.有专门的面向中小学生研学活动的就餐区，能同时接纳300名及以上中小学生集中用餐；符合国家餐饮卫生标准，食品留样工作落实到位。

4.服务配套，环境整洁。按能同时接待学生活动的上限人数计，有不少于人均3平方米的研学实践教育室内活动场所。

5.交通便捷，大巴车辆能直达，沿途路况好；内部或周边停车场地能容纳相应规模学生活动接送车辆停放；疏散方便。

6.内部具备基本的医疗保障条件，配有全天候值守的专门医护人员；附近30公里范围内，有可以随时施行急诊医疗的医院及救助资源。

7.内部有安全警示标志、有专门的安全应急通道；主要通道和重点部位有24小时、无死角的监控系统，监控影像资料回放保存至少30天；有现场安全教育和安全防护及消防措施，有应急预案；近5年来未发生过安全责任事故，近3年来没有受到各级行政管理（执法）机构的行政处罚。

8.管理机制健全，制度完备，正常运转；运转经费稳定；内部控制与财务制度健全，会计基础工作规范。

9.营地周边教育资源丰富，有若干个研学实践教育的基地，能够满足学生2~4天开展研学实践教育的需求。

10.有中小学生团队接待经验和接待能力；有从事研学实践教育工作的专业队伍；开辟有健身、健手、健脑、健心等教育服务项目，设计规划有不同主题、不同学段、与学校教育内容相衔接的研学实践课程和线路。

11.投诉渠道畅通。建立投诉处理制度，确定专职人员处理相关事宜；公布有投诉举报电话、邮箱和投诉处理程序、时限等。

二、申报时间、认定程序

（一）申报认定时间安排：

省级研学营地、基地一般安排在每年8月启动申报（具体事项以开展有关申报工作的通知为准）。

（二）省级研学营地、基地，一般情况下按以下基本程序申报、认定：

1.属地受理。申报单位统一向所在地的县（市、区）教育局综合实践教育相关业务处（科）室或便民服务窗口递交有关纸质和电子申报材料。由属地教育局会同文化和旅游局初审，签具推荐意见并加盖单位章后，报送设区市教育局。其中，省级部门直属单位申报省级基地的，经主管部门同意，也可直接提交申报材料。

2.市级会审。经设区市教育局会同文化和旅游局会审后，由市教育局相关主办单位报送省教育技术中心的勤工俭学部统一受理。

3.省级评审。省中小学生研学旅行工作协调小组办公室（设在省教育厅基础教育处）和省文化和旅游厅产业发展处牵头，省教育技术中心具体负责，制定评审细则，组织相关部门业务处室和专家，进行基地营地申报项目的课程审核、营地现场踏勘考察、专家评审、综合评定，并出具评审意见。对照基地营地基本条件，有1项及以上不符合或2项及以上基本符合的，即不予评审通过。

4.认定公布。评审结果经公示无异议后，按程序由省教育厅办公室、省文化和旅游厅办公室联合发文公布，由省中小学生研学旅行工作协调小组办公室授牌。

（三）省级部门直属单位申报程序。省级部门直属单位申报省级研学基地的，由申报单位递交有关纸质和电子申报材料，经主管的省级行政部门业务处室组织现场踏勘考察，出具初步推荐意见；再由主管的省级行政部门办公室（或综合处）会审，出具同意推荐意见并盖章，直接报送省教育技术中心的勤工俭学部受理。

（四）已认定为全国中小学生研学营地或基地的，由各地按程序一并推荐，省级一般不再组织评审，可对应直接公布为浙江省中小学生研学实践教育营地或基地。已认定为省级研学基地、现符合营地基本条件的，可以推荐申报省级研学营地；当年度内同一项目不得同时申报省级研学营地和基地。2019年开始，已认定为市级研学营地、基地的，方可申报省级研学营地、基地。

（五）申报项目若存在弄虚作假行为并被查实的，5年内不得重新推荐申报省级研学基地、营地，并相应核减下一年度区域的推荐名额。

三、省级营地、基地的基本义务

公布为省级研学基地、营地的，除满足当地需求外，在其接待能力范围内，应积极主动接纳省内各地学校组织的中小学生研学实践教育团队。

四、摘牌退出机制

已公布为浙江省中小学生研学实践教育营地、基地，若出现下列情况之一的，经核查确认后，予以摘牌退出处理：

1.情况发生变化，不再符合申报时的前置条件的；

2.发生安全责任事故，造成1人以上死亡或3人以上重伤的；

3.发生严重舆情等事件，在社会上产生较大负面影响的；

4.不符国家有关部门发布的《研学旅行服务规范》相关要求，经第三方机构测评，学校、学生、家长等相关群体满意度极低的，或旅游等部门接到投诉不断的；

5.列入行业重点整治对象，省级业务主管部门提交摘牌书面意见的；

6.一年内没有接待研学旅行团队，或运行不正常、难以为继的；

7.其他原因，必须摘牌退出的。

五、分级公布分级监管机制

设区市、县（市、区）级研学营地、基地申报认定和管理，由当地教育部门会同文化和旅游部门，参照本《细则》制定相应操作标准实施。